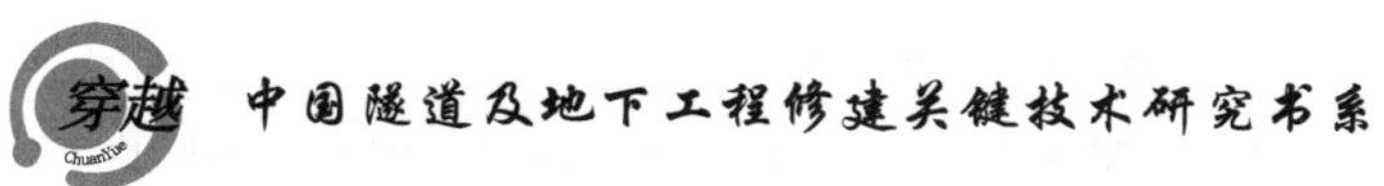


# 双护盾TBM公路隧道设计关键技术及应用

张世殊　何彦锋　陈炜韬　毛穗丰　聂大丰　于　丽　编著

傅支黔　主审

人民交通出版社股份有限公司

北　京

## 内 容 提 要

本书基于世界首条高海拔双护盾TBM公路隧道工程——多雄拉隧道的建设实践以及建设过程中开展的相关科学研究、技术攻关成果，系统总结并提出双护盾TBM隧道设计关键技术体系。全书共8章，主要内容包括：概述、高海拔条件下隧道施工方法研究及TBM设备选型、考虑豆砾石填充层影响的双护盾TBM隧道管片结构设计方法、高地应力挤压性围岩双护盾TBM隧道管片结构设计方法、高地应力岩爆围岩双护盾TBM隧道管片结构设计方法、高水头地层双护盾TBM隧道管片结构设计方法、双护盾TBM隧道管片错台对结构受力影响及动态排版技术以及双护盾TBM卡机处置。

本书可供从事隧道工程建设管理、设计、施工的工程技术人员学习参考，同时也可作为相关专业高校师生的参考用书。

**图书在版编目（CIP）数据**

双护盾TBM公路隧道设计关键技术及应用/张世殊等编著.— 北京：人民交通出版社股份有限公司，2023.11

ISBN 978-7-114-18711-7

Ⅰ.①双… Ⅱ.①张… Ⅲ.①公路隧道—隧道工程—设计 Ⅳ.①U459.2

中国国家版本馆CIP数据核字（2023）第052070号

Shuanghudun TBM Gonglu Suidao Sheji Guanjian Jishu ji Yingyong

**书　　名：** 双护盾TBM公路隧道设计关键技术及应用
**著 作 者：** 张世殊　何彦锋　陈炜韬　毛穗丰　聂大丰　于　丽
**责任编辑：** 吴燕伶
**责任校对：** 赵媛媛
**责任印制：** 刘高彤
**出版发行：** 人民交通出版社股份有限公司
**地　　址：**（100011）北京市朝阳区安定门外外馆斜街3号
**网　　址：** http://www.ccpcl.com.cn
**销售电话：**（010）59757973
**总 经 销：** 人民交通出版社股份有限公司发行部
**经　　销：** 各地新华书店
**印　　刷：** 北京建宏印刷有限公司
**开　　本：** 787×1092　1/16
**印　　张：** 11.5
**字　　数：** 193千
**版　　次：** 2023年11月　第1版
**印　　次：** 2023年11月　第1次印刷
**书　　号：** ISBN 978-7-114-18711-7
**定　　价：** 68.00元
（有印刷、装订质量问题的图书，由本公司负责调换）

# 本书编委会

# 前言

随着我国出疆入藏大通道、川藏铁路及配套公路工程、雅鲁藏布江下游水电资源开发等一系列国家战略性重大工程的推进以及我国大型装备制造能力的迅猛发展，隧道掘进机（TBM）在隧道工程施工中的应用日趋广泛。本书围绕派墨公路多雄拉隧道建设过程中面临的技术挑战、开展的科学研究、取得的科学成果以及积累的建设经验，展开详细介绍。

派墨公路多雄拉隧道位于我国西藏林芝市，是世界首条采用双护盾TBM施工的高海拔公路隧道。隧道全长4789m，平均海拔3556.6m，最大埋深820m，采用9.13m大直径双护盾TBM由进口单向掘进。隧道穿越多雄拉背斜核部及宽度约220m的断层破碎带，如何降低断层破碎带中双护盾TBM卡机风险，是该工程面临的一大技术挑战；多雄拉隧道高地应力问题显著，高地应力段约占到全隧道的45%，实测最大地应力达32MPa，隧道施工过程中不可避免穿越高地应力挤压性围岩、岩爆围压段，如何保证高地应力挤压性围岩、岩爆围岩条件下的管片结构设计安全合理，是该工程的又一大技术挑战；此外，由于可参考的工程建设经验极为有限，隧道建设过程中还面临缺少双护盾TBM设计规范指导、管片拼装质量控制难度大等困难。针对上述困难与挑战，多雄拉隧道的参建各方及有关科研单位进行了大量的科学研究和技术攻关，历经6年，在复杂地质条件下的双护盾TBM隧道设计关键技术方面取得了重大突破，获得了考虑豆砾石填充层影响的荷载计算及结构设计方法，首次提出了高地应力挤压性围岩、岩爆围岩条件下的荷载计算及结构设计方法，探明了泄水型管片渗流场特性，提出了泄水型管片外水压力计算及设计方法，解决了复杂地质条件下双护盾TBM结构设计难题；首次尝试突破现行规范，采用低强度等级（C35）混凝土管片，现场实施效果良好；在复杂地质条件下双护盾TBM卡机预测及脱困方面积累了较为丰富的经验。相关研究成果保障了多雄拉隧道的顺利建设，施工安全零事故使得隧道比计划工期提前 6 个月贯通，为派墨公路的贯通奠定了基础，有效促进了墨脱的发展，对全面带动百姓增收致富、巩固脱贫攻坚成果和接续乡村振兴具有重要作用。本书作者组织、领导完成了多雄拉隧道的设计、科学研究、技术攻关工作，参与了隧道全过程的建设，基于相关研究成果和成功建设经验，凝练形成了本部著作。

本书共 8 章内容：第 1 章，概述，主要介绍 TBM 的发展与分类，TBM 在工程中的应用情况以及 TBM 的前景与展望；第 2 章，围绕多雄拉隧道工程特点，详细介绍了高海拔环境下的施工方法选择以及 TBM 设备选型；第 3 章，主要介绍考虑豆砾石填充层影响的双护盾 TBM 结构设计方法；第 4 ~ 6 章是本书的重点内容，分别介绍在挤压性地层、岩爆围岩、高水头地层这三种特殊的地质条件下，双护盾 TBM 的荷载计算及管片结构设计方法；第 7 章，针对双护盾 TBM 最常见的拼装质量问题——管片错台对结构的影响进行了分析，并介绍了多雄拉隧道采用的动态排版技术；第 8 章，主要围绕不良地质条件下的设计预案及卡机脱困展开，介绍双护盾 TBM 穿特殊不良地质时的设计预案，并对双护盾 TBM 常见的卡机类型、卡机判据进行了介绍，同时对多雄拉隧道建设过程中卡机情况和积累的脱困经验进行了详细阐述。

本书适用于从事隧道工程建设管理、设计、施工的工程技术人员学习参考，同时也可作为相关高校师生的参考用书。

在本书即将出版之际，谨向所有作者、审稿专家、编审、协助编写人员，以及提供鼎力支持的人民交通出版社股份有限公司致以衷心的谢忱！同时感谢对在使用本书中提出意见和建议的各位读者表示感谢！

由于著者水平有限，书中疏漏和不当之处在所难免，恳请广大专家和读者批评指正。

**傅支黔**

**2023 年 4 月**

# 目录

# 第1章 概述

隧道掘进机，英文全称为 Tunnel Boring Machine，简称 TBM。在我国和日本，习惯将用于岩石地层的隧道掘进机称为 TBM，用于软土地层的隧道掘进机称为“盾构机”；但在欧洲，习惯将盾构机也称为 TBM。本书中提到的 TBM 是指全断面硬岩隧道掘进机，是一种靠旋转并推进刀盘，通过滚刀破碎岩石而使隧道全断面一次成形的机器。本章主要介绍 TBM 的发展与分类、TBM 的工程应用及 TBM 的发展前景。

## 1.1 TBM 的发展与分类

### 1.1.1 TBM 的发展

1845 年，比利时工程师亨利-约瑟·毛瑟设计制造了一种称为“片山机（Mountain-slicer）”的机器，计划用于一条连接法国和意大利的铁路隧道施工。该机器被认为是世界第一台 TBM。1881—1926 年，一些国家又先后设计制造了 21 台 TBM，之后因受当时技术条件的限制，TBM 的开发处于停滞状态。

1952 年，美国工程师詹姆士·罗宾斯制造出的 TBM 是世界上第一台现代意义上的软岩 TBM，其较成功地应用于南达科他州的俄亥大坝（Oahe Dam）输水隧道工程修建中。隧道以每天 160ft（48.8m）的速度高速推进，几乎十倍于同时代的钻爆法。这标志着 TBM 的发展进入了快速发展阶段。

我国的 TBM 设备研制与施工应用始于 1964 年，至今已有近 60 年的发展历程，经历了“自力更生（1964—1985 年）、国外承包引进（1985—1998 年）、自主施工联合生产（1998—2010 年）和自主研发创新（2010 年至今）”四个阶段。我国 TBM 技术的起步较晚，但在国家政策推动及行业企业齐心努力下，展现出了迅猛的发展趋势，并具有鲜明的特点。从打破国际技术封锁到迎来自主知识产权的产品下线，从引进国外设备施工承包到走出国门对外承包，我国 TBM 行业取得了骄人的成绩，也有力地推动了国家交通、水利和矿山等多行业的基础建设。

### 1.1.2 TBM 分类

TBM 经过半个多世纪的发展，已相当成熟。以围岩地质条件划分，有硬岩掘进机（如敞开式 TBM）、软硬岩兼容掘进机（如双护盾伸缩式 TBM）；以护盾形式划分，有敞开式 TBM 和护盾式 TBM；以 TBM 直径大小划分，有微型 TBM（0.3～1.0m）、小型 TBM（1.0～3.0m）、中型 TBM（3.0～8m）、大型 TBM（＞8m）等。目前，最为常见的划分方式是按护盾形式划分。

（1）敞开式 TBM

敞开式 TBM 最大的特点是仅刀盘附近有护盾。TBM 掘进是利用支撑机构撑紧洞壁，以承受向前推进的反作用力及反扭矩，适合于岩石整体性较好的隧道。敞开式 TBM 掘进过程中，以支撑系统为支点，推进液压缸将推力施加给刀盘，从而推动刀盘破岩掘进。均布在刀盘上的随刀盘旋转的铲斗、刮板，将崩落在隧洞底部的岩渣收集到主机内的带式输送机上，再通过主机带式输送机将其转载至后配套带式输送机，然后利用编组列车或连续带式输送机进行运输。

（2）护盾式 TBM

护盾式 TBM 按照护盾的数量又可划分为单护盾 TBM、双护盾 TBM 和三护盾 TBM。

单护盾 TBM 主要由护盾、刀盘部件及驱动系统、刀盘支承壳体、刀盘轴承及密封、推进系统、激光导向机构、出渣系统、通风除尘系统和衬砌管片安装系统组成。单护盾 TBM 掘进时的反力由盾壳与围岩的摩擦力提供，刀盘的推力由辅助液压缸支撑在管片上提供，此时 TBM 掘进与管片安装无法同步。单护盾模

式的作业循环为：掘进→辅助推进液压缸缩回→安装管片→再掘进，如图 1-1 所示。

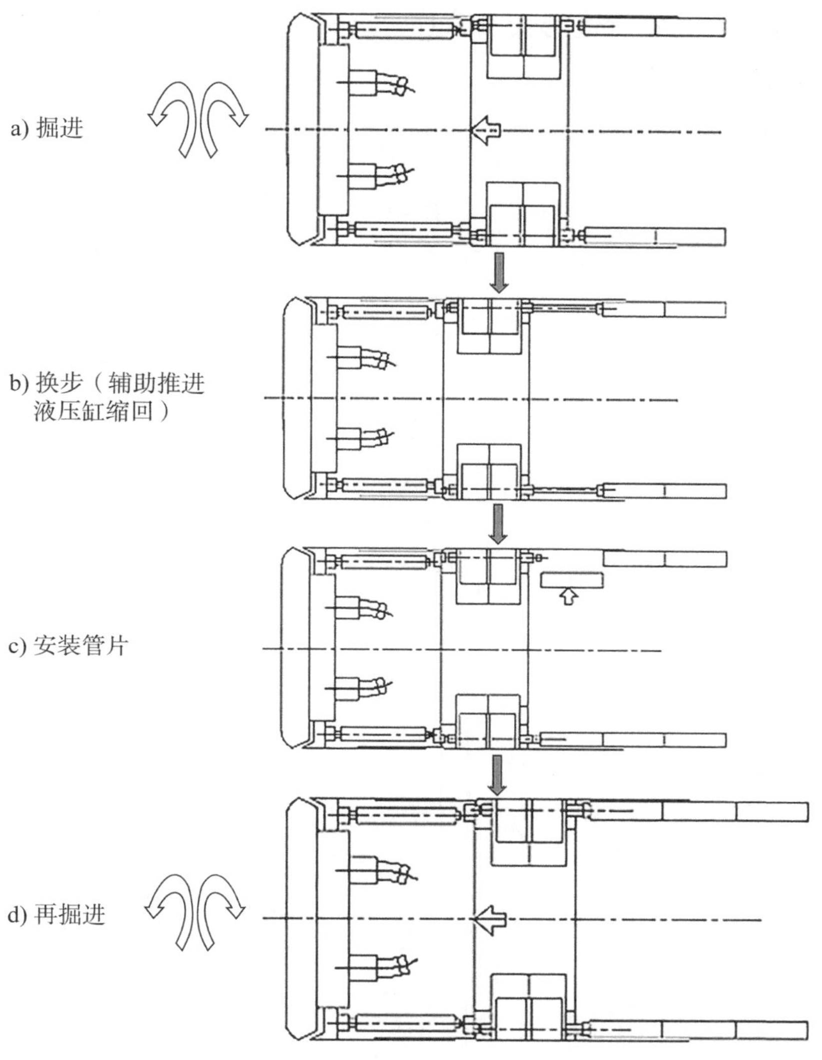


图 1-1　单护盾模式作业循环

在单护盾 TBM 基础上发展出现了双护盾 TBM。双护盾 TBM 主要由刀盘部件及驱动系统、前护盾及刀盘支承壳体、刀盘轴承及密封、支撑系统、推进系统、装有支撑装置的后护盾、激光导向机构、皮带出渣系统、通风除尘系统、连接前后护盾的伸缩部分和用于安装预制混凝土管片的尾盾系统等组成，整个施工区域都在护盾的保护下，刀盘、护盾和管片一起形成了全封闭的施工环境。

双护盾 TBM 相较于单护盾 TBM 的另一大特点是具有两种掘进模式：双护盾模式和单护盾模式。双护盾模式适用于稳定性好的地层，此类洞壁岩石能自稳并能经受水平支撑的巨大支撑力，掘进时，双护盾 TBM 伸出水平支撑，撑靴紧撑洞壁，为主推进液压缸提供反力，可实现掘进与管片安装同步进行。双护盾模式的作业循环为：掘进与安装管片→撑靴收回换步→再支撑→再掘进与安装管片，如图 1-2 所示。

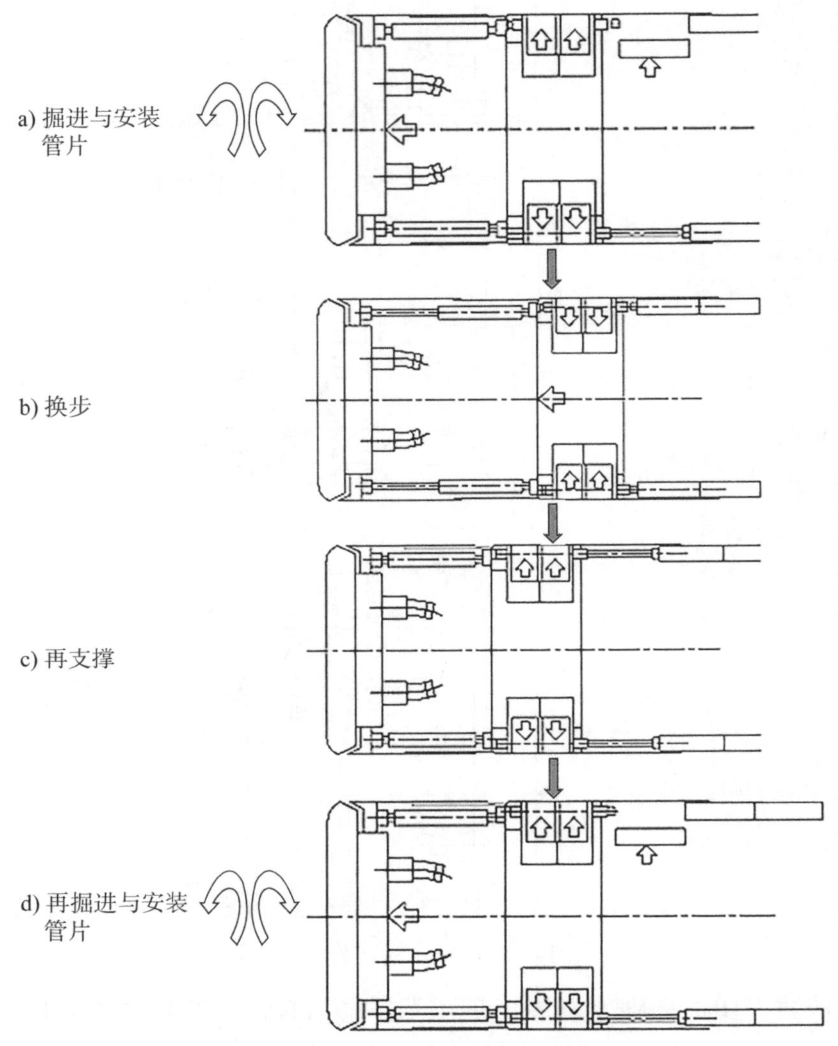


图 1-2　双护盾模式作业循环

三护盾 TBM 是罗宾斯公司曾尝试的一种机型。它由 3 个护盾（前、中、后）、2 套支撑靴（前、后）、2 套推进液压缸系统（推进液压缸 1、推进液压缸 2）、3 套稳定靴（前、中、后）组成。在美国达拉斯近郊的超导实验室的环型隧道工地试验中，三护盾 TBM 掘进时前后两套支撑系统可实现连续掘进，机械的支撑推进系统通过电脑交替操作，交替时间仅 30s，完成掘进管片安装一个循环仅需 6min，每小时进尺可达 12m。但因其结构复杂，三护盾 TBM 未能得到很好推广。

（3）不同类型 TBM 特点

①敞开式 TBM

采用拱、锚、网、喷等支护方式，无全环管片，依靠撑靴提供推进反力，掘进效率高，但是 TBM 掘进完成后需要进行衬砌二次浇筑，其综合成本低，总体上适用于硬质岩层。

②单护盾 TBM

没有撑靴，同步安装全环管片，隧道一次成型，管片背后回填碎石并注浆固结，依靠管片提供推进反力，成洞效率高，总体上适用于软质岩层。

③双护盾 TBM

设伸缩盾和撑靴，原则上同步安装全环管片，管片背后回填碎石并注浆固结，可由管片或撑靴两种方式提供推进反力，成洞效率更高，总体上适用于硬质与软质岩交替岩层，但不能有较大和明显的接触破碎带或断层破碎带；护盾长度通常在 10～15m 之间，由于护盾较长，在不良地质中掘进，其护盾被卡的风险相较于敞开式 TBM 和单护盾 TBM 更高，脱困的难度也更大。

不同类型 TBM 的特点对比见表 1-1。

**不同类型 TBM 特点对比表**　　表 1-1

| 项目 | TBM 类型 | | |
|---|---|---|---|
| | 敞开式 TBM | 单护盾 TBM | 双护盾 TBM |
| 地层适应性 | 围岩条件较好，适应围岩为中硬岩、坚硬岩、极硬岩，围岩以Ⅱ、Ⅲ级为主 | 可适应软岩短期自稳地层，强度在 5～60MPa，岩体较完整的Ⅱ～Ⅳ级围岩 | 可适应软岩、中硬岩、坚硬岩，单轴抗压强度在 20～120MPa 的Ⅲ、Ⅳ级围岩 |
| 掘进速度 | 掘进速度快，但在围岩破碎时很慢，对围岩的变化非常敏感 | 相对较低 | 能够保持在一个较稳定的高速度下掘进，对地层的变化相对没有敞开式敏感 |
| 支护方式 | 钢拱架、钢网片、钢筋网、锚杆、喷射混凝土 | 管片、豆砾石、砂浆，对围岩止水、注浆和补强加固困难 | 管片、豆砾石、砂浆，对围岩止水、注浆和补强加固困难 |

续上表

| 项目 | TBM 类型 | | |
|---|---|---|---|
| | 敞开式 TBM | 单护盾 TBM | 双护盾 TBM |
| 施工风险 | 卡机、塌方、岩爆、撑靴撑不住、支护方式复杂 | 卡机、变形大、水压大、结构受力不足 | 卡机、变形大、水压大、结构受力不足 |
| TBM 设备造价 | 标准配置造价较高，高配则造价更高（如多套超前钻机、锚杆钻机和喷射混凝土系统） | 略低于敞开式 TBM | 略高于敞开式 TBM |

## 1.2　TBM 的工程应用

TBM 经过半个多世纪的发展，技术日趋完善，在水工隧洞、铁路隧道、公路隧道、城市地铁工程中均有广泛应用，表 1-2 为国内外部分具有代表性的 TBM 工程。

**国内外部分代表性 TBM 工程**　　表 1-2

| 国内/国外 | 工程名称/隧道（隧洞）名称 | 行业 | 开挖直径（m） | TBM 类型 |
|---|---|---|---|---|
| 国内代表性 TBM 工程 | 引大入秦工程 | 水工 | 5.530 | 双护盾 |
| | 万家寨引黄工程 | 水工 | 5.000/4.820 | 双护盾 |
| | 派墨公路多雄拉隧道 | 公路 | 9.130 | 双护盾 |
| | 南疆铁路吐库二线中天山隧道 | 铁路 | 5.430 | 敞开式 |
| | 四川锦屏II级水电站 | 水工 | 12.400 | 敞开式 |
| | 辽宁大伙房输水隧洞 | 水工 | 8.030 | 敞开式 |
| | 大瑞铁路高黎贡山隧道 | 铁路 | 9.030 | 敞开式 |
| | 西康铁路秦岭隧道 | 铁路 | 8.800 | 敞开式 |
| | 新疆达坂隧洞工程 | 水工 | 6.900 | 双护盾 |
| | 吉林引松供水工程总干线 | 水工 | 7.930 | 敞开式 |
| | 青岛地铁 2 号线 | 地铁 | 6.300 | 双护盾 |
| | 甘肃引洮供水工程 9 号隧洞 | 水工 | 5.750 | 双护盾 |

续上表

| 国内/国外 | 工程名称/隧道（隧洞）名称 | 行业 | 开挖直径（m） | TBM 类型 |
|---|---|---|---|---|
| 国内代表性 TBM 工程 | 青海引大济湟引水隧洞 | 水工 | 6.050 | 双护盾 |
| | 陕西引红济石青峰峡隧洞 | 水工 | 3.655 | 双护盾 |
| 国外代表性 TBM 工程 | 瑞士圣哥达基线隧道 | 铁路 | 8.830 | 敞开式 |
| | 厄瓜多尔科卡科多辛克雷水电站输水隧洞 | 水电 | 9.110 | 双护盾 |
| | 西班牙帕哈雷斯铁路隧道 | 铁路 | 9.900 | 单护盾 |
| | 美国波士顿港项目 | 水工 | 8.080 | 双护盾 |
| | 俄罗斯索契 3 号及交通枢纽隧道 | 铁路 | 10.000 | 双护盾 |
| | 澳大利亚布里斯班市政公路隧道 | 公路 | 12.340 | 双护盾 |
| | 奥地利布伦纳基线隧道 | 水工 | 6.300 | 双护盾 |

其中，西康铁路秦岭隧道长 18.46km，岩石抗压强度为 105～315MPa，采用 2 台直径 8.8m 敞开式 TBM 施工，实现了 TBM 法隧道自主施工，在极硬岩条件下最高月进尺达 531m；辽宁大伙房输水隧洞总长 85.3km，为当时世界最长的输水隧洞，采用 3 台直径 8.03m 敞开式 TBM 施工，最高月进尺达到 1208m；南疆铁路吐库二线中天山隧道位于新疆维吾尔自治区，是南疆铁路吐鲁番至库尔勒段增建第 2 线工程特长隧道，全长 22.47km，先后成功穿越 3 条区域性深大断裂（F2、F3、F4）和 8 条次级断裂，在 TBM 独头长距离掘进、长距离巷道式通风等方面取得了一定突破；吉林引松供水工程总干线隧洞全长 72.3km，采用具有自主知识产权的 7.93m 敞开式 TBM 施工，创造了最高日进尺 86.5m、最高月进尺 1226m 的掘进纪录。本书的依托工程——林芝市派镇至墨脱县农村公路（以下简称“派墨公路”）多雄拉隧道于 2018 年贯通，是世界上首条高海拔地区复杂地质条件下采用双护盾 TBM 建造的公路隧道。

## 1.3　TBM 前景与展望

随着我国经济社会从高速发展到高质量发展，国家“一带一路”倡议、“两新一重”战略深入实施，川藏铁路及公路配套工程、出疆入藏大通道、雅鲁藏布江下游水电开发等一系列战略性重大工程项目的建设，为中国隧道 TBM 的发展带来了巨大发展空间。

目前，TBM 隧道技术发展趋势与热点可以概括为“深、大、长、快”四个方面。“深”表示隧道埋藏深；“大”表示隧道直径大；“长”表示隧道单洞长，有时达几十公里；“快”表示在隧道地质条件较好时，掘进速度快、掘进工效高。TBM 将是隧道快速施工的主要手段。从隧道断面尺寸来看，大直径的隧道也许更能满足工程运行需要并节省工程费用，但断面过大将面临支护结构承载力及开挖面稳定等问题，故大直径既是 TBM 的发展趋势，也是 TBM 施工面临的具有挑战性的课题。随着科学技术的发展，TBM 设备制造及其施工技术将日趋成熟和完善，越来越多的长大隧道工程会采用 TBM 施工。

通过近 60 年的努力，我国以隧道掘进机为代表的重大工程装备与建造技术实现了从跟跑、并跑到领跑，极大地推进了我国隧道工程建设的快速发展。继往开来，隧道工程人应牢记“三个转变”——推动中国制造向中国创造转变、中国速度向中国质量转变、中国产品向中国品牌转变，为争取早日实现交通强国、制造强国和科技强国而继续努力！

# 第2章 高海拔条件下隧道施工方法研究及 TBM 设备选型

多雄拉隧道平均海拔 3556.6m，高海拔条件下，大气压力及氧气浓度降低，对施工人员劳动强度和机械施工效率具有较为显著的影响，这是在选择隧道施工方法时不得不考虑的一项因素。此外，多雄拉隧道全长 4789m，最大埋深达 820m，穿越多雄拉山背斜核部及宽度约 200m 的两条断层破碎带，同时隧道洞身大部分位于高地应力段，隧道建设过程中面临各种复杂的地质环境，对 TBM 设备提出了更高的要求。本章主要介绍多雄拉隧道基于高海拔施工环境和复杂地质条件的施工方法和 TBM 设备选型，给出高海拔复杂地质条件下深埋长大隧道的施工方法选择及 TBM 设备选型的建议和参考。

## 2.1 依托工程概况

### 2.1.1 派墨公路建设背景

林芝市墨脱县位于西藏自治区东南部，地处雅鲁藏布江下游，东邻察隅县，南与印度交界。墨脱县西、北、东三面为喜马拉雅山脉和岗日嘎布山脉阻隔，独特的地理环境造成人们出行异常困难，也使墨脱县成为我国最后一个通公路的县。第一条进出墨脱县的公路是 G559 线波密县城扎木镇到墨脱县公路（以下简称“扎墨公路”）。由于气候、地质、环境等条件制约，扎墨公路全年通车时间仅 9 个月。该路段在雨季时滑坡、泥石流等自然灾害频发，通行条件极差，经常中断通行。进入墨脱县的另一条道路则是通过派镇翻越多雄拉山 4221m 垭口，沿多雄河经汗密、老虎嘴至解放大桥的人行驿道，车辆无法通行，解决不了进入墨脱县的根本问题。为深入贯彻落实习近平总书记关于加快西藏全面建成小康社会步伐的重要讲话精神，有效改善林芝市派镇至墨脱县交通现状，解决沿线村民出行困难问题，推动地方经济社会发展，体现“人民交通为人民，建设人民满意交通”的核心要求，第二条进入墨脱县的公路——派墨公路于 2015 年开工建设，公路平面布置如图 2-1 所示。

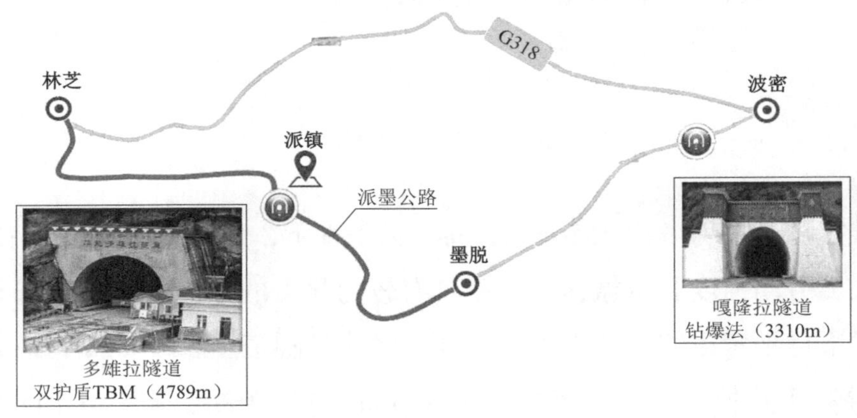


图 2-1　工程平面位置示意图

派墨公路全长 63.17km，按照四级公路标准设计修建，设计速度为 20km/h，路面宽度为 3.5m（局部 6.0m），路基宽度为 4.5m（局部 6.5m），分两期修建。一期工程为派镇至汗密段公路，全长 37.89km，分为 3 段建设：第 1 段为派镇至松林口公路（8.71km），第 2 段为多雄拉隧道（4.789km），第 3 段为隧道出口至汗密公路（24.78km）。二期工程为汗密至解放大桥段公路，全长 25.28km。

派墨公路的建设，将有效改善墨脱县交通现状，打通连接墨脱县的交通环线。派墨公路修通后，可以避免翻越多雄拉山 4221m 的垭口，相较于原经波密绕行进入墨脱县的路线，可缩短通行距离约 164km，减少通行时间约 8h。同时也降低了扎墨公路经常中断带来的困扰，基本实现全天候通行，大大改善了当地的交通条件，改变了墨脱县的交通孤岛现状，对推动墨脱县经济发展、促进边防稳固具有极为重要的意义。此外，派墨公路也是规划的在雅鲁藏布江下游截弯开发梯级电站的前期勘察公路。派墨公路的建设可配合对外交通干道和各级水电站工程的前期勘察论证，对雅鲁藏布江下游水电资源开发具有极为重要

的意义。

多雄拉隧道是派墨公路的控制性节点工程，从西端的派镇松林口进洞至东端的多雄河源三坪南侧出洞，隧洞全长 4789m（桩号 K8 + 698～K13 + 487），为单洞双车道双向行车公路隧道。隧道建筑限界为 7.0m × 4.5m，隧道进口高程为 3547.02m，出口高程为 3565.55m。隧洞整体埋深较大，最大埋深达 820m，平均埋深 400m 以上。隧道建筑限界及内轮廓如图 2-2 和图 2-3 所示。

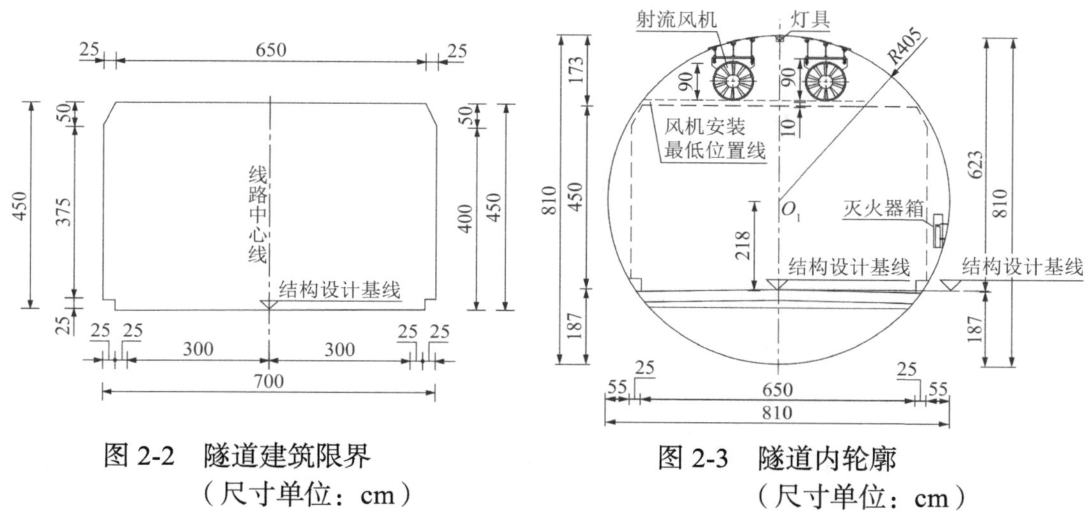


图 2-2 隧道建筑限界（尺寸单位：cm）

图 2-3 隧道内轮廓（尺寸单位：cm）

## 2.1.2 工程地质及环境气候条件

1）地形地貌

工程区位于喜马拉雅山脉、念青唐古拉山脉、横断山脉的交会部，是青藏高原隆升、侵蚀最为强烈的地区，地形起伏大，河谷深切，属典型的高山峡谷地貌。隧道沿线区域属构造剥蚀、冰蚀作用强烈的高山峡谷冰川地貌，山势险峻，沟谷较发育，地形坡度较大。多雄拉隧道整体由多雄拉山北坡越岭横穿至多雄拉山南坡，途经多雄拉山垭口，为一越岭隧道。

2）地层岩性

隧道沿线基岩主要为喜马拉雅地层区南迦巴瓦岩群多雄拉岩组（Pt$d_{2\text{-}3}$）的花岗片麻岩、混合片麻岩，岩性单一。据地表调查，在沿线不同部位取得的岩石样品中可以发现，其岩石多为片麻状和条带状构造的花岗片麻岩及混合片麻岩，但局部可见角闪石和云母等暗色矿物富集的角闪片麻岩，如图 2-4～图 2-6

所示。

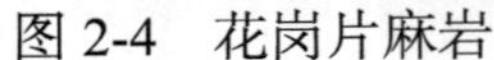
图 2-4　花岗片麻岩

图 2-5　混合片麻岩

图 2-6　角闪片麻岩

3）地质构造

工程区外围区域构造复杂，构造主要表现为多雄拉山背斜、次级断层破碎带及节理裂隙等，在工程区内相对较发育。

（1）多雄拉山背斜

多雄拉山为一背斜构造，背斜轴总体呈 NNE 向展布，其北西翼（多雄拉山北坡）片麻理产状总体为近 SN 倾 W，倾角则随高程变化，约 4000m 高程以上片麻理倾角为 25°～35°，3000m 高程以下倾角一般为 70°以上，3000～4000m 高程范围为倾角过渡段；隧道轴线横穿多雄拉山背斜，与背斜枢纽方向大角度相交。

（2）断层破碎带

根据进口深钻孔和地表 EH4 大地电磁法物探剖面测试，隧道沿线共揭示两条次级断层。

①F1：该断层于隧道进口深钻孔 91.76～114.6m 处揭露，孔内揭示长度 22.84m，该段岩体破碎，多见碎裂岩、碎粉岩及少量碎块岩。整段岩块强度极低，手捏可碎，且在断层下部接触部位见擦痕。根据孔内电视及片麻理产状对该段岩芯进行解译还原，推测该断层破碎带产状为 N50°～N55°W/NE∠42°，其宽度约为 16m。

②F2：据两条 EH4 物探剖面（PM1）结果显示（图 2-7），存在一段反射异常段，结合地质分析将该段投影至隧道轴线，其宽度约为 220m，且在隧道桩号约 K10＋070～K10＋290 段出现。从物探成果推测，该段可能为一条具有一定规模的断层及其影响带范围或数条次级断层集中出露段，断层产状大致为 N20°W/NE∠80°。

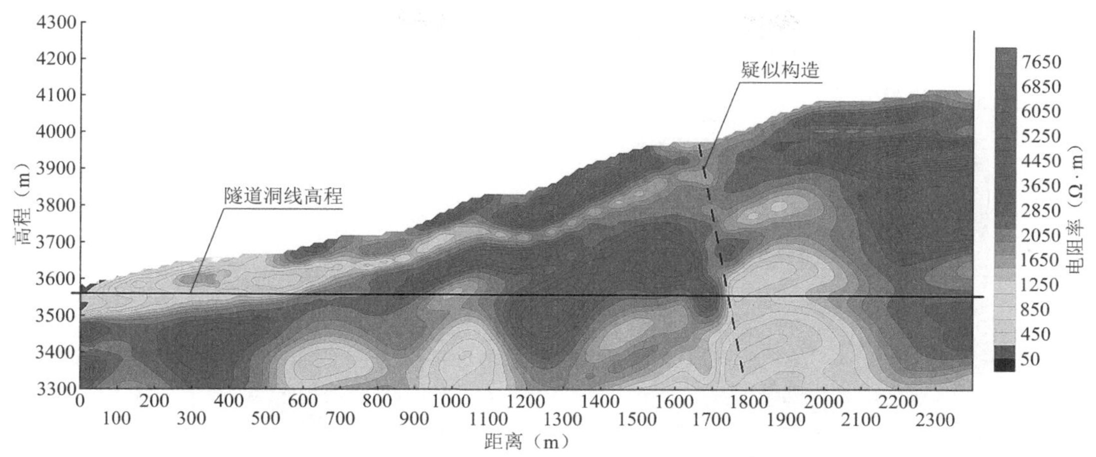


图 2-7 PM1 剖面北坡段 EH4 勘探反演成果图

此外，根据区域地质条件及钻孔、物探多种手段综合分析，认为隧道沿线还可能存在较多的小断层破碎带，主要沿片麻理方向发育。

4）水文地质条件

多雄拉山南北两侧有所差异，北坡年降水量约 800mm，多雄拉山山顶及以东的南坡，受印度洋暖湿气流影响，降水明显增加，多雄拉山顶以降雪为主，向下的南坡以大气降雨为主，年降水时间长、降水特别丰沛，多年平均降水量超过 3000mm。多雄拉山山顶常年冰雪覆盖，多雄拉山南北两侧地表水丰富，沟谷有常年流水且在隧道上方垭口部位距隧道水平距离 200m 处分布有一湖面高程约 4300m、湖面面积约$5\times10^4m^2$的冰湖。进口两侧分布有派巴沟两条支沟，水源分布高程高，地下水补给条件良好。体内中小规模的断层和节理裂隙较发育，地表水具有较好的入渗通道，岩体内地下水局部可能较为丰富。根据地下水赋存条件和含水介质特性、岩性及其组合的特点分析，地下水类型主要为基岩裂隙潜水和松散堆积层孔隙潜水两大类。在隧道施工过程中，采用振弦式水压计对管片背后的水压大小进行了实测，如图 2-8 所示。

5）高地应力挤压性围岩及岩爆围岩

多雄拉隧道高地应力问题较为突出。通过勘测推测，多雄拉隧道高地应力段约占隧道全长的 45%，中等地应力段约占隧道全长的 18%，低地应力段约占隧道全长的 37%（图 2-9）。在隧道施工过程中，采用三孔交汇套钻解除孔径变形法进行了 3 组地应力测试，测得的主应力为其实际的主应力大小和方向。其中第二组测试结果为隧道垂直埋深为 800m 时的地应力测试结果，最大主应力达到了 31.35MPa。

图 2-8　水压计的安装

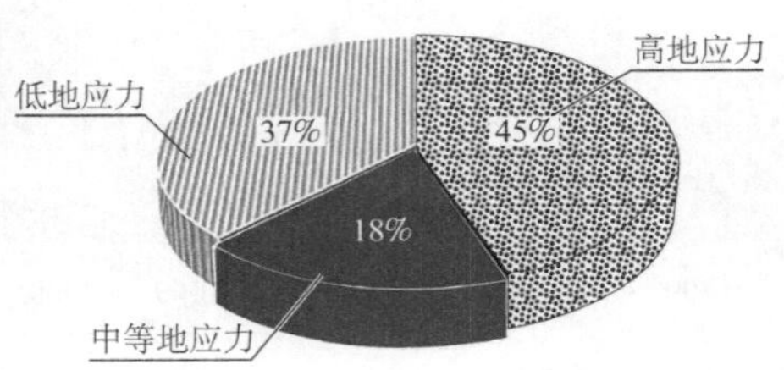


图 2-9　隧道全段各地应力等级所占比例

高地应力导致挤压变形（图 2-10）和岩爆现象（图 2-11）的发生。在施工过程中，对多雄拉隧道的挤压性围岩、岩爆情况进行了收集、分析，其中岩爆段约占全隧道长度的 15%，最大岩爆等级为中等岩爆；挤压性围岩段约占全隧道长度的 27%，最大挤压变形等级为Ⅱ级。

图 2-10　多雄拉隧道挤压性围岩

图 2-11　多雄拉隧道岩爆围岩

6）多雄拉隧道高海拔环境条件

多雄拉隧道地处青藏高原东南部，横穿多雄拉山，山顶海拔均在 4500m 以上，隧道通过处垭口高程为 4220m，进口高程为 3547.02m，出口高程为 3566.18m。隧址区上部常年冰雪覆盖，年平均气温 5.8℃，四季交替明显，冬季最低气温达零下 15.4℃，降雪量充足；夏季雨水充沛，雨季年平均降水量达 3000mm 以上。通过对隧道地层岩性、水文条件、环境气候调查统计可知，该隧道与平原地区隧道最大的差别为地处高海拔地区。

高海拔环境区别于平原环境，具有高寒、低气压、低含氧量三个特点，这些差异对人体生理机能影响极大，轻则导致人员产生不良生理反应，引发多种高原疾病，情况严重时将威胁人员生命。高海拔地区特殊的环境特征对于 TBM 动力来源而言，不会影响其工作效率；而对以柴油驱动设备为主、施工人员为辅的钻爆法而言，气压大小、含氧量对人员施工效率及安全、机械设备效率的影响均较大。因此，要研究高海拔地区深埋长隧道施工方法的选择，应首先分析高海拔环境特征对施工作业的影响。

## 2.2　高海拔地区氧气浓度变化规律

对于理想气体的状态方程，即克拉伯龙方程，如下所示。

$$PV = nRT \tag{2-1}$$

式中：$P$——气体压强（Pa）；

$V$——气体体积（$m^3$）；

$n$——气体的物质的量（mol）；

$T$——开式温度（K）；

$R$——理想气体常数［J/(mol·K)］。对任意理想气体而言，$R$是一定值，约为 8.31441 ± 0.00026［J/(mol·K)］，计算中可以取 8.31441［J/(mol·K)］。

由克拉伯龙方程设摩尔体积为$V_m$，则有：

$$V_m = \frac{V}{n} = \frac{1000RT}{P} \tag{2-2}$$

式中：$V_m$——摩尔体积（L/mol）；

$n$——物质的量（mol）；

$V$——气体体积（L）；

$P$——气体压强（Pa）；

$T$——开式温度（K）；

$R$——理想气体常数［J/(mol · K)］。

随着海拔的逐渐升高，大气压力呈逐渐降低的趋势。大气压力和海拔的关系可用玻尔兹曼公式表示：

$$P = P_0 e^{-\frac{M_{mol} g z}{RT}} \tag{2-3}$$

式中：$P$——海拔高度$z$处气体压强（Pa）；

$P_0$——海拔高度 0 处气体压强（Pa）；

$M_{mol}$——摩尔质量（kg/mol）；

$g$——重力加速度（$m/s^2$）；

$z$——海拔高度（m）。

海拔高度越高，空气密度越小，空气中氧气的含量越少，氧气的体积分数与质量浓度之间可按下式计算：

$$C = \frac{32000X}{V_m} = \frac{32XP}{RT} \tag{2-4}$$

式中：$C$——质量浓度（$g/m^3$）；

$X$——氧气的体积分数，一般取 20.9%。

由以上公式计算，得到不同海拔高度环境大气压、温度和氧气质量浓度、氧气含量情况（表 2-1），及变化规律（图 2-12）。

**不同海拔高度大气压、温度和氧气质量浓度、氧气含量情况**　　表 2-1

| 海拔$H$（m） | 大气压$P$（Pa） | 温度（K） | 氧气质量浓度（$g/m^3$） | 相当于海拔 0 时的氧气含量 |
|---|---|---|---|---|
| 0 | $1.0133 \times 10^5$ | 298 | 274 | 100.0% |
| 1000 | $0.89876 \times 10^5$ | 293 | 247 | 95.3% |
| 2000 | $0.79501 \times 10^5$ | 288 | 222 | 90.7% |
| 3000 | $0.70121 \times 10^5$ | 283 | 199 | 86.5% |
| 4000 | $0.61660 \times 10^5$ | 278 | 178 | 82.2% |
| 5000 | $0.54048 \times 10^5$ | 273 | 159 | 78.1% |
| 6000 | $0.47218 \times 10^5$ | 268 | 142 | 74.2% |

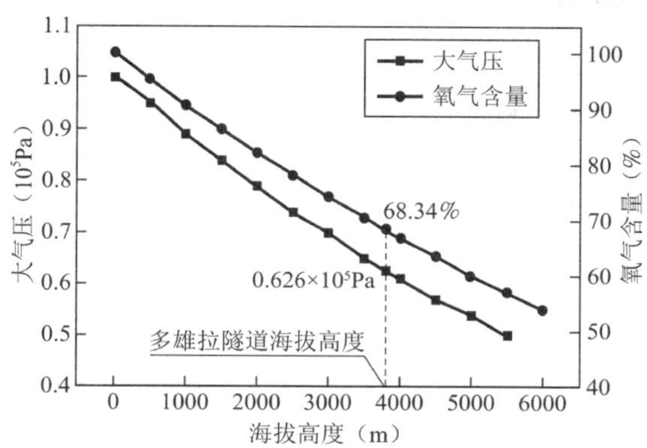


图 2-12 大气压、氧气含量随海拔高度变化规律图

大气压、氧气含量随海拔高度的增长逐渐降低，大气压在海拔 0～6000m 的变化范围内从 1 个大气压（标准大气压值）变化为仅有 0.5 个标准大气压值；氧气含量也从 100%（平原地区为基本值）变化为 50%左右。以多雄拉隧道洞口海拔值为例进行计算，多雄拉隧道洞口大气压仅为平原地区的 62.6%，氧气含量仅为平原地区的 68.34%，属于低压低氧环境。

# 2.3 高海拔环境对隧道施工作业的影响

## 2.3.1 高海拔对施工人员的影响分析

1）高海拔对人体机能的影响研究

高原地区的低气压和低氧环境直接影响到人体的生理活动和疲劳程度。其中，高原大气压力降低，空气越来越稀薄，空气中氧分压和人体肺部氧分压也会减小，肺部氧分压的降低将严重影响血红蛋白与氧气的结合，从而出现缺氧症状。而低含氧量会使人体产生低氧通气反应，肺通气量增加。人体组织缺氧，呼吸、循环系统将发生一系列生理反应：一是出现头痛、血压增高、胸闷、无力、呼吸困难等症状；二是人体抗病能力减弱，易发生流行疾病；三是消化系统功能失调，人体消瘦。

此外，海拔高度的上升对人体机能的影响还表现为血乳酸浓度的变化，如图 2-13 所示。研究表明，若劳动者突然到达高原地区，以平原地区（海平面）时的工作负荷工作，其血乳酸浓度更易上升。但随着工作负荷的升高，当工作负荷为极重时，高原地区和平原地区的血乳酸浓度差别不大，但两者耗氧量有所不同。

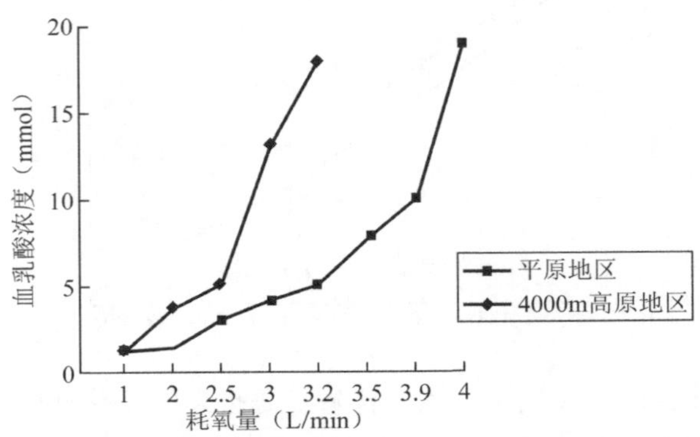


图 2-13　平原地区与 4000m 高原地区一受试者运动时血乳酸浓度

以人体到达血乳酸浓度 10mmol 为例，在平原地区人体所需的耗氧量为 3.9L/min，而在海拔 4000m 的高原，仅需要 2.7L/min 左右。这说明在高原地区由于氧气分压的降低，人体有氧运动机能将会降低，进而更多地转化为无氧运动。而在高原地区的无氧运动增多，会带来人体血乳酸的迅速累积，造成劳动者劳动持续时间缩短、疲劳感增强、人体恢复时间增长等，从而降低劳动者的劳动强度等级。

2）高海拔对劳动等级的影响研究

（1）高原地区劳动强度分级

在不同劳动负荷中，心率变化的测定结果表明：静息心率随海拔升高而增加；在负荷时，同一负荷条件下随海拔升高，心率绝对值增加。数据对比见表 2-2。

**心率对比表**　　表 2-2

| 海拔高度（m） | 静息心率较平原增加（%） | 劳动负荷 50W 心率较平原增加（%） | 劳动负荷 100W 心率较平原增加（%） |
|---|---|---|---|
| 2260 | 11.3 | 10.5 | 3.5 |
| 3000 | 21.1 | 18.8 | 7.5 |
| 3450 | 25.0 | 22.6 | 19.4 |
| 4100 | 33.8 | 27.9 | 22.1 |

心率与劳动强度等级的关系见表 2-3。

**心率与劳动强度等级对应关系**　　表 2-3

| 心率（次/min） | < 92 | 92～110 | 110～130 | 130～150 | 150～165 | > 165 |
|---|---|---|---|---|---|---|
| 耗氧量（L/min） | 0.697 | 0.956 | 1.188 | 1.360 | 1.450 | 1.450～ |
| 强度等级 | 轻 | 中 | 次重 | 重 | 超重 | 极重 |

在一定体力劳动强度内，心率与耗氧量、能量代谢率相关，在高原地区采用于永中推荐的以心率来划分单项体力劳动强度分级标准是可行的。随着海拔的升高，相同的劳动负荷在高原地区时，其劳动强度等级将会升高。有关研究表明，在高原地区心率达到某一水平时完成的做功量较平原少，海拔越高，减少越明显，也就是说不同海拔高度，劳动强度等级划分应不同。例如：在平原从事的轻度劳动，在海拔 2000m 时能使劳动者心率达到中度劳动强度水平，在 3000m 将会达到次重级劳动；在平原从事次重级劳动，在 2260m 以上为重度劳动，3000m 以上为超重劳动，4000m 以上为极重劳动，即海拔每升高 1000m，劳动强度增加约一个等级。

劳动强度可通过劳动强度指数$I$进行分级，其劳动强度指数由平均能量代谢率$M$、劳动时间率$T$、体力劳动性别系数$S$和体力劳动方式系数$W$共 4 个指标决定。多雄拉隧道洞口海拔高度约为 3550m，该海拔位置的含氧量为平原地区的 68.34%，多雄拉隧道采用钻爆法中各工序的新的劳动强度等级和需氧量，如表 2-4 所示。

**多雄拉隧道劳动等级与耗氧量**　　表 2-4

| 工序 | 劳动强度等级 | 耗氧量（L/min） | 呼吸空气量（L/min） |
|---|---|---|---|
| 钻爆 | 极重 | 3.2～4 | 64～129 |
| 喷射混凝土 | 极重 | 2.4～3.2 | 64～60 |
| 模板衬砌 | 极重 | 2.4～3.2 | 64～60 |
| 铺设防水板 | 超重 | 1.6～2.4 | 30～64 |
| 装渣 | 超重 | 1.6～2.4 | 30～64 |
| 出渣 | 重 | 0.8～1.6 | 20～25 |

（2）高原地区劳动强度指标

高原地区的气压低、氧含量低，从而导致体内氧分压低，劳动者在从事与平原地区相同的体力劳动时，所消耗的能量更多，能量代谢率相对更大，从而导致高原地区劳动者在从事体力劳动时更加容易感到疲劳。

《铁道行业体力劳动强度分级》（TB/T 2607—2006）中提出了平原地区劳动强度值的计算方法，其计算公式如下：

$$I = 3T + 1.673M \tag{2-5}$$

式中：$T$——劳动时间率，指劳动者在一个工作日内实际工作时间与日工作时间的比率（%）；

$M$——以法定 8h 工作日计算的平均能量代谢率［$\mathrm{kJ/(min \cdot m^2)}$］。

采用不同海拔梯度实测肺通气量和标准肺通气量的差率来校正标准状态下的能量代谢率，高原地区体力劳动强度指数公式宜改写为：

$$I = 3T + 1.673M(1 + k) \tag{2-6}$$

式中：$k$——2000～3000m 海拔范围内取值为 0.4；3000～4000m 海拔范围内取值为 0.56；在海拔 4000m 以上取值为 0.72。

通过分析对比平原地区与高原地区的劳动力强度值计算公式，可以得到劳动力强度指数的变化主要由高原地区的低氧含量导致的高平均能量代谢率引起。

通常为了保证劳动者在高原地区的劳动强度与平原地区的劳动强度水平相近，主要采取降低劳动者的平均能量代谢率或劳动时间率。但由于在高原地区的低含氧量、高寒等原因，劳动者的平均能量代谢率普遍都较平原地区要高，因此以采用降低劳动者劳动时间率$T$方式为主。

劳动时间率是指工作日内纯劳动时间与工作总时间的比，用百分率表示，通常以法定工作时间 8h 作为工作总时间。因此，为了降低纯劳动者的劳动时间率，最有效的方法就是减少其纯劳动时间。

为了保证劳动者在平原地区和高原地区处于同一劳动水平下，对比分析高原地区与平原地区的劳动强度指数计算公式，将平原地区某个工序的劳动强度指数作为等效值，联立两式得到：

$$I_{平} = 3T_{平} + 1.673M_{平} \tag{2-7}$$

$$I_{高} = 3T_{高} + 1.673M_{平}(1 + k) \tag{2-8}$$

联立两式得：

$$I_{平} = I_{高} = 3T_{平} + 1.673M_{平} = 3T_{高} + 1.673M_{平}(1+k) \tag{2-9}$$

$$T_{平} - T_{高} = 1.673\frac{k}{3} \tag{2-10}$$

由此得：

$$\frac{T_{平}}{T_{高}} = 1 + \frac{0.43k}{T_{平} - 0.43k},\ \frac{T_{高}}{T_{平}} = 1 - \frac{0.43k}{T_{平}} \tag{2-11}$$

在具体施工中减少劳动者的劳动时间率，同时也会增加整个工序的时间，导致施工时间增长，为了不增长该工序的施工时间，在作业面和施工步骤的允许下，适当增加劳动者的人数。由此可以得到，在完成相同工作量的同时，平原地区所需工时量等于工作人数与工作时间的乘积，即平原劳动人数 × 平原劳动时间 = 高原劳动人数 × 高原劳动时间。

由$\frac{T_{平}}{T_{高}} = 1 + \frac{0.43k}{T_{平} - 0.43k}$可知：

$$高原劳动人数 = 平原劳动人数\left(1 + \frac{0.43k}{T_{平} - 0.43k}\right) \tag{2-12}$$

多雄拉隧道的劳动强度指数高原修正系数$k$取 0.56。同时，参考隧道中各工序施工作业时间一般为 3～8h，由此可依据上述公式计算出在不同海拔高度隧道中施工作业人员的劳动时间率降低系数，见表 2-5。

**不同海拔高度隧道中施工作业人员的劳动时间率降低系数**　表 2-5

| 纯劳动时间（h） | 劳动时间率 | 高原劳动时间率降低系数（$T_{高}/T_{平}$） | | |
|---|---|---|---|---|
| | | 2000～3000m | 3000～4000m | ≥ 4000m |
| 3 | 0.375 | 0.54 | 0.36 | 0.27 |
| 4 | 0.5 | 0.66 | 0.52 | 0.38 |
| 5 | 0.625 | 0.72 | 0.61 | 0.50 |
| 6 | 0.75 | 0.77 | 0.68 | 0.59 |
| 7 | 0.875 | 0.80 | 0.72 | 0.65 |
| 8 | 1 | 0.83 | 0.76 | 0.69 |

根据上表可知：以 8h 排班为例，在海拔 3000～4000m 范围内，隧道施工工作效率仅为平原地区的 76%，由此可计算出同一班次条件下，施工人员总数将为平原地区人数的 1.4 倍。对于高原地区，由于含氧量低，使得隧道通风供氧难度较大，若同班洞内施工人员增加，将导致通风供氧难度进一步增大，从而极大增加工程措施费用。

### 2.3.2　高海拔对机械效率的影响分析

（1）大气压力对施工机械效率的影响

根据钻爆法隧道内施工机械情况，我们以轮胎式装载机为研究对象，计算不同大气压下施工机械的有效功率。计算分析采用单因素分析法，即在其他因素不变的情况下，研究机械有效功率的变化趋势。装载机性能参数见表 2-6。

**装载机性能参数**　　表 2-6

| 发动机型号 | 潍柴 WD10G220E21/E23 |
|---|---|
| 额定功率［kW/(r/min)］ | 162/2200 |
| 缸径 × 行程（mm × mm） | 126 × 130 |
| 工作形式 | 直列 6 缸；4 冲程；直喷 |
| 最大牵引力（kN） | 175 |
| 数量 | 5 |

假设温度工况不变，在大气温度为 298.15K、氧气体积分数为 21%、转速为 2200r/min 的条件下，分别计算大气压为 120kPa、100kPa、80kPa、60kPa、50kPa 情况下的装载机的有效功率。

假设一台柴油机的汽缸数为$i$，每缸的工作容积为$V_{\mathrm{h}}$（L），平均有效压力为$p_{\mathrm{e}}$（kPa），转速为$n$（r/min），根据$p_{\mathrm{e}}$的定义，每循环气体所做的指示功为：

$$W_{\mathrm{e}} = p_{\mathrm{e}} V_{\mathrm{h}} \tag{2-13}$$

具有$i$个汽缸的柴油机每分钟所做的指示功为：

$$N_{\mathrm{e}} = \frac{2 p_{\mathrm{e}} V_{\mathrm{h}} n i}{\tau} \tag{2-14}$$

式中：$\tau$——冲程数，四冲程柴油机$\tau = 4$，二冲程柴油机$\tau = 2$。

在实际应用时，一般计算每秒所做的指示功，代入可得：

$$N_e = \frac{p_e V_h n i}{30\tau} \tag{2-15}$$

平均有效压力是指柴油机单位汽缸工作容积一个循环能发出的有效功，可以看作是一个假想的、平均不变的压力作用在活塞顶上，使活塞一个冲程所做的功等于每循环所做的有效功。平均有效压力是反映柴油机单位汽缸容积输出扭矩大小和机械动力性能的重要指标。

$$p_e = \frac{n_e n_v H_u P_a}{1000 R\alpha l_0 T_a} \tag{2-16}$$

$$n_v = \frac{V_a}{V_h} \tag{2-17}$$

$$\alpha = \frac{m_l}{g_b l_0} \tag{2-18}$$

式中：$n_e$——有效热效率，是指实际循环的有效功与为得到此有效功所消耗热量的比值；

$n_v$——充气效率，指每循环吸入汽缸的空气量转换为进气口状态，与活塞排量的比值；

$V_a$——进气口状态下的进气量（$m^3$）；

$V_h$——汽缸工作容积（$m^3$）；

$H_u$——所用燃料的低热值（kJ/kg），柴油的低热值一般取 42000kJ/kg；

$T_a$、$P_a$——进气口的温度（K）及压强（Pa），若为增压柴油机，则为进气口处的温度及压强；

$R$——空气气体常数［J/(kg · K)］；

$\alpha$——过量空气系数，燃烧 1kg 燃料实际空气量与理论空气量的比值；

$g_b$——每循环燃料的供给量（kg）；

$m_l$——进入汽缸的新鲜空气量（kg）；

$l_0$——1kg 燃料完全燃烧所需的理论空气量（kg）。

可以得出不同环境工况下柴油机的有效功率：

$$N_e = \frac{n_e n_v H_u P_a V_h n i}{30 R\alpha l_0 T_a \tau} \tag{2-19}$$

式中参数意义同前。

柴油机的机械能的损失功率$N_m$一般采用如下经验公式来估算：

$$N_m = [0.00697(\varepsilon - 4) + 0.0483 \times 10^{-3} n + 0.0401 \times 10^{-2} v_m^2] \frac{V_h n i}{30\tau} \times 10^{-3} \tag{2-20}$$

式中：$\varepsilon$——压缩比；

$v_m$——活塞平均速度（m/s）；

$i$——汽缸数；

$n$——转速（r/min）。

柴油机各部件间的摩擦损失等原因会造成机械能的损失，机械设备的机械效率公式如下：

$$\eta = \frac{N_e}{N_e + N_m} \tag{2-21}$$

式中：$\eta$——柴油机机械效率；

$N_m$——柴油机机械损失功率（kW）；

$N_e$——柴油机有效功率（kW）。

装载机的常量参数取值见表 2-7，由上述公式计算所得的有效功率和机械效率见表 2-8。不同大气压下机械效率的变化趋势如图 2-14 所示。

**装载机的常量参数取值** 表 2-7

| $H_u$（kJ/kg） | $V_h$（$m^3$） | $n$（r/min） | $i$ | $R$［J/(kg·K)］ | $l_0$ | $T_a$（K） | $\tau$ |
|---|---|---|---|---|---|---|---|
| 42000 | $1.62 \times 10^{-3}$ | 2200 | 6 | 287 | 15.1 | 298.15 | 4 |

**不同大气压下装载机的有效功率和机械效率** 表 2-8

| 大气压（kPa） | $n_e$ | $n_v$ | $\alpha$ | 有效功率（kW） | $\eta$（%） |
|---|---|---|---|---|---|
| 120 | 0.4 | 0.85 | 1.25 | 199.7 | 82.8 |
| 100 | 0.4 | 0.85 | 1.25 | 168.5 | 80.2 |
| 80 | 0.4 | 0.85 | 1.25 | 133.1 | 76.2 |
| 60 | 0.4 | 0.85 | 1.25 | 100.0 | 70.7 |
| 50 | 0.4 | 0.85 | 1.25 | 83.2 | 66.7 |

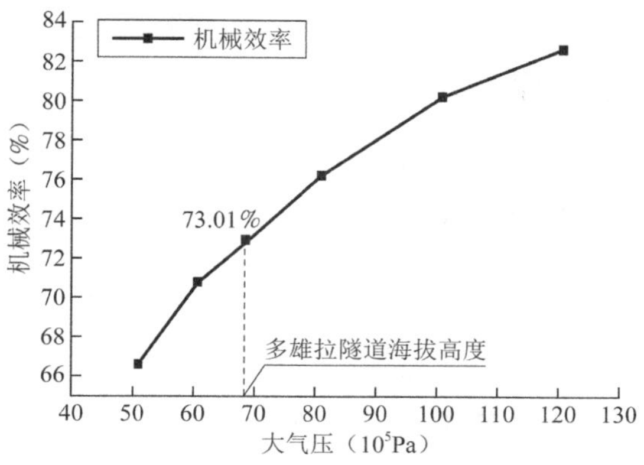


图 2-14　不同大气压下机械效率的变化趋势

由图 2-14 可知，在其他条件不变的情况下，装载机的有效功率与大气压成正比例关系，即随着大气压的降低，有效功率也在逐渐降低，大气压越小，有效功率越低，平均压力每降低 20kPa，有效功率降低 25～30kW。不考虑环境条件的变化对损失功率的影响，所以在同一转速下，柴油机的损失功率不变，随着有效功率的不断减少，机械效率不断降低；平均大气压每降低 20kPa，机械效率降低 3%～5%。以多雄拉隧道所处大气压为例，此时机械效率仅为平原地区的 73.01%。

当大气压力为 50kPa 时，比大气压力为 100kPa 时下降了 13.3%。所以，高原环境下应该采用增压装置来恢复柴油机的功率，恢复其动力性能。

（2）氧气浓度对施工机械效率的影响

海拔越高，空气越稀薄，即空气的密度随海拔的升高而减小。为了研究不同氧气浓度对有效功率的影响，设置氧气体积分数分别为 24%、21%、18%、15%、12%、10%的六种工况，以标准状况为例，并忽略空气中水蒸气等其他成分，假定空气仅由氧气和氮气组成。

氧气浓度影响内燃机的性能主要表现为氧气的改变，尤其是变少，将直接影响汽缸内燃料的燃烧质量。进气中氧气含量过少，则燃烧不充分，爆燃压力小，平均有效压力小，从而输出的有效功率减小。

氧气体积分数不同，则质量分数也不相同，则 1kg 燃料完全燃烧所需要的理论的不同体积分数的空气质量就不同，体积分数和质量分数之间的换算关系如下：

$$\Psi = \frac{M_{(O_2)}\phi}{M} \tag{2-22}$$

式中：$M_{(O_2)}$——$O_2$的摩尔质量（kg/mol），通常取 32kg/mol；

$\phi$——氧气的体积分数；

$M$——空气的摩尔质量（kg/mol）；

$\Psi$——氧气的质量分数。

空气中氧气的体积分数不同，空气的摩尔质量也会不同。空气的摩尔质量计算公式如下：

$$M = M_{(O_2)}\phi + M_{(N_2)}(1-\phi) \tag{2-23}$$

由于氧气的摩尔质量与氮气的摩尔质量相近，所以空气中氧气与氮气体积分数之间的变化对空气的摩尔质量影响不大。在以上设置的六组工况中，空气的摩尔质量的波动范围为 28.4～29kg/mol，与空气的摩尔质量最大相差 0.6kg/mol，所以可以近似认为空气的摩尔质量不发生变化，取 29kg/mol。

根据相关资料，柴油的主要成分是含 9～18 个碳原子的链烷、环烷或芳烃，化学分子式$C_{16}H_{34}$，则其完全燃烧的化学方程式为：

$$C_{16}H_{34} + 24.5O_2 = 16CO_2 + 17H_2O \tag{2-24}$$

根据上述燃烧的化学方程式，可以计算出不同氧气体积分数下的空气量$l_0$，见表 2-9。

**不同氧气体积分数下空气量的变化** 表 2-9

| 氧气体积分数（%） | 25 | 21 | 18 | 15 | 12 | 10 |
|---|---|---|---|---|---|---|
| 氧气质量分数（%） | 27.6 | 23 | 19.9 | 16.5 | 13.2 | 11 |
| 空气气体常数［J/(kg·K)］ | 287 | 287 | 287 | 287 | 287 | 287 |
| $l_0$ | 12.6 | 15.1 | 17.4 | 21 | 26.2 | 31.5 |

则由机械效率计算公式得到不同温度下装载机的机械效率（表 2-10），不同氧气体积分数下机械效率的变化趋势如图 2-15 所示。

**不同氧气浓度下装载机的有效功率** 表 2-10

| 氧气体积分数（%） | 24 | 21 | 18 | 15 | 12 | 10 |
|---|---|---|---|---|---|---|
| 有效功率（kW） | 191.2 | 168.5 | 138.5 | 114.7 | 91.9 | 76.4 |
| $\eta$（%） | 82.2 | 80.2 | 76.9 | 73.4 | 68.8 | 64.8 |

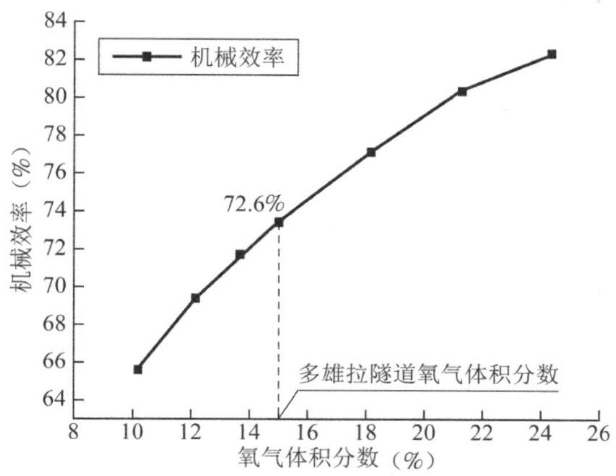


图 2-15　不同氧气体积分数下机械效率的变化趋势

发动机的有效功率、机械效率与氧气含量大致成正比例关系，即随着氧气含量的升高，有效功率、机械效率也在逐渐升高。平均氧气体积分数每升高3%，有效功率上升15～25kW，机械效率升高3%～5%。在氧气体积分数为15%时（缺氧状态），有效功率仅为氧气体积分数21%时（正常状态下）的68%。以多雄拉隧道氧气浓度为例，此时该处的机械有效功率仅为平原地区的72.6%。所以，对于高海拔缺氧地区，提高进气中的氧气的绝对含量有利于高原机械的动力恢复。

## 2.4　多雄拉隧道施工方法选择

目前，国内外山岭隧道施工方法主要有传统的钻爆法和TBM法。常规钻爆法作为一种传统的隧洞开挖方法，具有较灵活多变、适应性强、经济性好等优点，能够广泛适宜于各种地质条件下的隧道施工。尽管钻爆法有很多优势，但在施工中同时也存在着施工工序多、劳动强度大、作业条件差、生产效率低，以及地层扰动大、施工安全难以保证等缺点。

TBM法施工最主要的优点包括：施工效率极高；开挖对岩石的扰动小，施工质量好；机械化程度高，安全、智能、环保。

TBM法施工不足之处在于：对不良工程地质条件的适应性较差，不如传统钻爆法灵活；前期的一次性投入费用较大；对施工人员的素质要求较高；洞径变化不灵活；非掘进作业占用直线工期长等。

在选择施工方法时需要考虑的因素可以分为地质因素、施工因素、工程经济性和其他因素。地质因素主要包括隧道围岩条件、水文条件及不良地质情况；施工因素主要包括施工条件、施工效率、安全性、施工质量、设备运输安装条件等；工程经济性主要包括设备投资、开挖成本、成洞成本、施工人员成本等相关费用情况；其他因素包括环保生态影响、建设单位对工期和工法的要求等。在高海拔条件下还应考虑大气压及氧气浓度对施工的影响。经地质因素、施工因素、工程经济性、其他因素等多方面综合比选（表 2-11），最终确定多雄拉隧道采用 TBM 法施工。

**多雄拉隧道施工方法比选结果表** 表 2-11

| 比选因素 | 对比结果 |
| --- | --- |
| 地质因素 | 多雄拉隧道围岩岩性以花岗片麻岩、混合片麻岩为主，围岩完整性较好，洞身段Ⅱ、Ⅲ级围岩比例约占 70%，洞身段虽发育断层破碎带，但对 TBM 施工影响有限，总的来说地质条件有利于 TBM 施工 |
| 施工因素 | （1）考虑高海拔因素对施工人员及机械效率的影响，TBM 在施工效率上更优，经测算，采用钻爆法工期约 44 个月，TBM 法工期约 26 个月（考虑了设备制造、运输和安装工期），工期节约 40%；<br>（2）多雄拉隧道高地应力段约占隧道全长的 45%，可能发生中等岩爆，在岩爆围岩中施工，TBM 的安全性更优；<br>（3）TBM 开挖对围岩扰动相较于钻爆法更小，成洞质量更佳；另外采用预制混凝土管片，其质量更易把控，衬砌施工质量也相对较好 |
| 工程经济性 | TBM 一次性设备投入较高，但开挖成本、成洞成本和施工人员成本较钻爆法低。经测算，两种施工方法折算每延米的综合成本相差不大 |
| 其他因素 | （1）该工程位于生态脆弱地区，对生态保护要求高，宜优先采用更绿色、环保的 TBM 法施工；<br>（2）多雄拉隧道是雅鲁藏布江下游开发的试验洞和前期交通洞，其目的之一系为后期开发建设采用 TBM 法施工探明可行性，因此宜优先采用 TBM 法施工 |

## 2.5 多雄拉隧道 TBM 设备选型

TBM 设备选型通常是在工法比选的基础上，重点针对隧道的地质因素、施工因素等进行更加深入的研究分析，以确定采用的 TBM 具体类型，提出设备推力、扩挖量等关键参数要求，并针对隧道的工程地质特点进行相应的设备地质适应性改造。

多雄拉隧道在建设前期，对隧道的TBM设备选型进行了多次科学论证及专家咨询。基于多雄拉隧道Ⅱ级和Ⅲ级围岩占比高、隧道有一定比例的岩爆围岩段和挤压性围岩段，从施工效率和安全性考虑，最终选择了双护盾TBM。多雄拉隧道采用的“林芝一号”双护盾TBM如图2-16所示，设备主要参数见表2-12。

图2-16 多雄拉隧道“林芝一号”双护盾TBM机

**“林芝一号”双护盾TBM设备参数** 表2-12

| 主部件名称 | 细目部件 | 单位 | 性能参数 |
|---|---|---|---|
| 整机 | 主机长/整机长 | m | 11.7/150 |
| | 主机及后配套总重 | t | 约1800 |
| | 最小转弯半径 | m | 400 |
| 刀盘 | 直径 | mm | 9130 |
| | 最大扩挖 | mm | 100 |
| | 刀具数量/规格 | 把/in | （35＋4＋10）/19 |
| | 单把刀具荷载 | kN | 315 |
| 超前取芯钻机 | 钻进深度 | m | 大于40m |
| | 支架位置和范围 | | 伸缩盾内，拱顶120°内 |
| 推进系统液压缸数 | 主推进液压缸数 | 根 | 14 |
| | 辅推进液压缸数 | 根 | 19 |

注：1in = 25.4mm。

目前，双护盾TBM大多只能采用预制钢筋混凝土管片支护，需要配套的管片生产和堆放场地。同时，长大深埋隧道通常具有一定比例的Ⅱ、Ⅲ级围岩段，对于该类围岩采用喷锚支护更为合理，经济性也更好。近年来，国内外对于双护盾TBM采用喷锚支护进行了许多摸索和尝试，提出了在双护盾TBM设备中增加全方位钻机、挂网喷混设备、双护盾TBM喷锚施工工法等。

为实现双护盾TBM的双模施工，通过对“林芝一号”双护盾TBM箱梁承载结构进行改造，在箱梁上连接系统与主钻机，实现了锚喷、掘进两系统整体连接与协同作业。

2017 年 7 月，多雄拉隧道中进行了 104.4m 的双护盾 TBM 喷锚施工试验段（图 2-17），首次在实际工程中实践了喷锚施工的可行性，具有重要的里程碑意义，为双护盾 TBM 技术的发展探明了方向。

a)

b)

图 2-17　派墨公路多雄拉隧道喷锚试验段照片

# 第3章　考虑豆砾石填充层影响的双护盾TBM隧道管片结构设计方法

管片设计主要包括管片分块设计、管片结构设计、管片连接设计、管片注浆孔及其他预留孔洞设计，其中管片分块、管片连接和预留孔洞的设计可参考盾构管片的设计方法，本章不再介绍。双护盾 TBM 隧道的施工特性和传统的钻爆法相比存在一定的差异，导致现有的钻爆法和盾构隧道结构设计方法用于双护盾 TBM 结构设计具有一定的局限性。双护盾 TBM 隧道结构设计主要需考虑两个要点：①双护盾 TBM 开挖、管片支护、豆砾石填充注浆等施工特性；②隧道围岩特性。本章主要介绍双护盾 TBM 隧道结构设计要点以及考虑豆砾石填充层的双护盾 TBM 隧道管片结构设计方法。

## 3.1　双护盾 TBM 隧道结构设计要点

### 3.1.1　双护盾 TBM 隧道施工阶段划分

在双护盾 TBM 隧道施工过程中，围岩受到刀盘开挖扰动，刀盘前方围岩已开始发生位移，将该阶段划分为第一阶段，如图 3-1a）、图 3-1b）所示。隧道开挖后，通常由护盾对围岩提供支护作用，护盾与开挖轮廓存在一定的间隙，除遇到挤压性围岩、破碎带等特殊地质情况外，一般情况下，围岩变形往往小于隧道开挖轮廓与护盾之间的空隙厚度。因此，绝大多数情况下围岩处于一种无支护状态，将其划分为第二阶段，如图 3-1c）所示。

隧道开挖完成后，管片在盾尾的保护下进行安装，随着 TBM 的推进，安装好的管片逐渐脱离盾尾，管片与围岩之间存在 10～20cm 的间隙，该间隙通常拱顶大，隧底小。当管片脱离盾尾后，为避免管片错动失稳，便向壁后空隙中吹填粒径为 5～10cm 的碎石，碎石吹填遵循“由下向上，对称吹填”的顺序。碎石吹填通过监测吹填压力和碎石体积来控制吹填质量，碎石吹填完成后，围岩、碎石层与管片形成临时支护体系，将该阶段划分为第三阶段，如图 3-1d）所示。由于碎石为多孔介质，浆液在碎石中极易扩散，以至于流入盾体及刀盘，因此无法实现同步注浆，注浆往往滞后碎石吹填约 15～30 环。受碎石吹填量及其力学性质的影响，在该阶段内围岩处于较弱的支护状态。

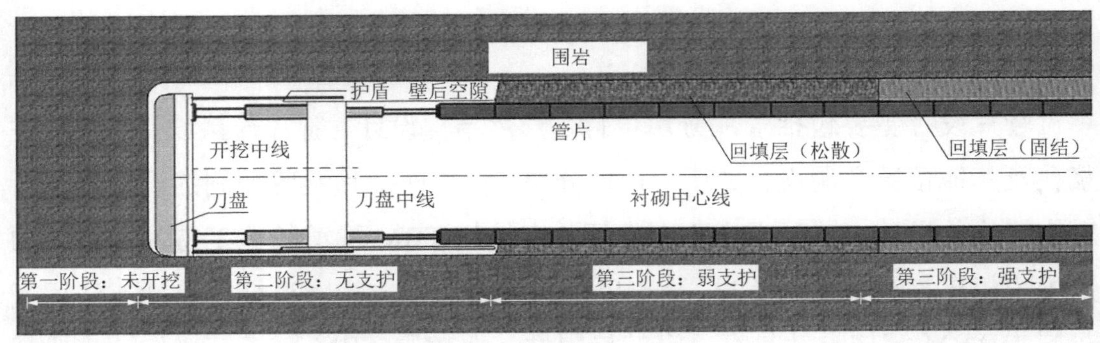


a) 双护盾 TBM 纵向施工阶段划分

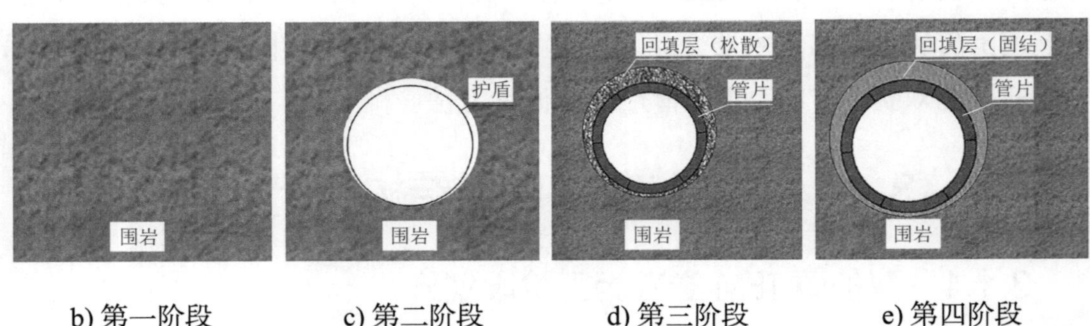


b) 第一阶段　　c) 第二阶段　　d) 第三阶段　　e) 第四阶段

图 3-1　双护盾 TBM 隧道施工阶段划分

碎石吹填完成后，围岩处于弱支护状态，为避免围岩进一步变形，需对碎石进行注浆，形成回填层，此时围岩—回填层—管片成为稳定的作用体系，将该阶段划分为第四阶段，如图 3-1e) 所示。回填层注浆材料采用（0.6～0.8）：1 的水泥浆液，注浆完成后回填层逐渐固结形成结石体。注浆后的回填层与围岩、管片接触密实，围岩荷载由回填层传递至管片，管片的支护性能充分发挥，形成围岩—回填层—管片稳定的作用体系。

### 3.1.2 围岩—回填层—管片空间分布模式

双护盾 TBM 隧道围岩—回填层—管片的空间关系与洞周围岩变形和管片安装位置有关。洞周围岩变形包括径向均匀收缩、椭球化变形、整体下沉，对此，有关学者提出了两圆相切地层损失模型，将变形后的围岩看作与开挖轮廓线底部相切的圆形，如图 3-2 所示。

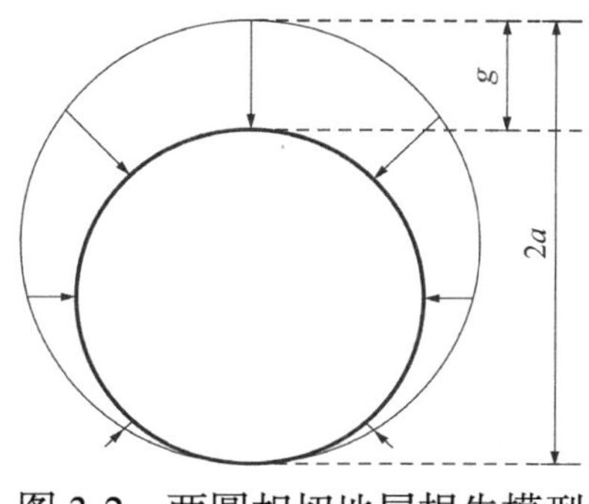


图 3-2 两圆相切地层损失模型

### 3.1.3 双护盾 TBM 隧道设计要点

根据双护盾 TBM 隧道施工过程围岩受到的支护状态不同，将隧道施工划分为四个阶段。不同的施工阶段，隧道结构受力、纵向变形规律不同，根据现场试验结果可总结出施工阶段隧道力学响应特征，见表 3-1。

**双护盾 TBM 施工阶段隧道力学响应特征** 表 3-1

| 施工阶段 | 支护状态 | 回填层状态 | 管片结构 | |
|---|---|---|---|---|
| | | | 结构受力特征 | 纵向变形特征 |
| 第一阶段 | 围岩支护 | 无回填层 | — | — |
| 第二阶段 | 无支护 | | — | — |
| 第三阶段 | 弱支护 | 松散状态（碎石） | 受碎石迁移及压缩影响，土压力部分传递至管片结构，管片结构受力较小 | 碎石抗变形能力差，隧道基床承载能力低，易产生较大的错台 |
| 第四阶段 | 强支护 | 固结状态 | 土压力经回填层传递给管片，管片结构受力增大 | 基床承载力增强，纵向变形稳定 |

除双护盾 TBM 施工阶段隧道力学响应特征外，管片与围岩之间存在豆砾石与浆液形成的填充层是其区别于钻爆法和单护盾 TBM 施工的另一大特性，在结构设计时，需要考虑豆砾石填充层的影响。

## 3.2 双护盾 TBM 隧道豆砾石—管片组合支护刚度计算方法

### 3.2.1 联合作用力学模型

目前，常用的三种 TBM 结构计算模型有：惯用法理论计算模型、修正惯用法 ANSYS 计算模型和实体单元-弹簧模型。对于 TBM 施工的隧道，一般采用预制管片衬砌。施工中为了稳定预制管片，须在预制管片外侧和开挖面之间的环形空隙内吹填粒径 5～10mm 的豆砾石，然后再灌浆。凝结后的豆砾石填充层在围岩与管片之间传递荷载。目前各计算模型中，均没有考虑双护盾 TBM 豆砾石填充层的影响，和实际情况存在一定的差异。

护盾式 TBM 开挖洞壁与管片外径均设为标准圆形断面。但是，由于重力的作用，管片环断面中线高度与设计隧道圆心高度并不重合，豆砾石填充层厚度通常在拱顶处最大，在仰拱处最小，分别为图 3-3 中的$t_{max}$和$t_{min}$。

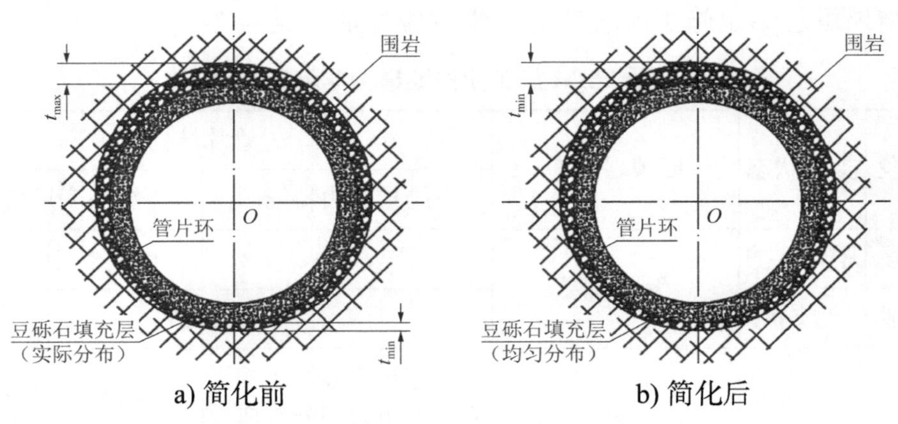


a) 简化前　　　　b) 简化后

图 3-3　围岩—豆砾石—管片结构分层示意图

将豆砾石填充层简化为均匀分布的形式，如图 3-3b）所示。均匀化后的豆砾石填充层厚度$t$满足以下关系：

$$t = \frac{t_{min} + t_{max}}{2} \tag{3-1}$$

假定隧道处于静水压力场中，忽略管片接缝在围岩—豆砾石—管片结构组合支护中的影响，将管片环考虑为连续的均质圆环。同时，假定管片、豆砾石填充层材料均为连续、均匀、各向同性的材料。对于管片与豆砾石填充层构成的组合支护，仅考虑弹性应变。那么，组合支护的支护力$p_s$和组合支护刚度$k_s$之间的关系可表示为：

$$p_s = k_s u_s \tag{3-2}$$

式中：$u_s$——组合支护的径向位移。

式(3-2)仅针对如图 3-4 所示的组合支护的支护力$p_s$小于最大支护力$p_s^{max}$的情况。

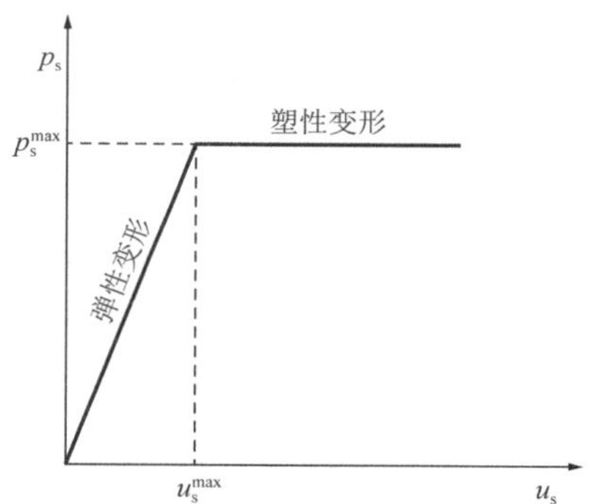


图 3-4　理想的弹塑性支护特性

## 3.2.2　豆砾石—管片结构组合支护刚度计算方法

均匀化的豆砾石填充层与管片环组成的组合支护体系的刚度，由厚壁圆筒的弹性应变理论求解。组合支护体系受围岩的挤压力$p_s$与受围岩挤压后产生的变形$u_s$，如图 3-5 所示。

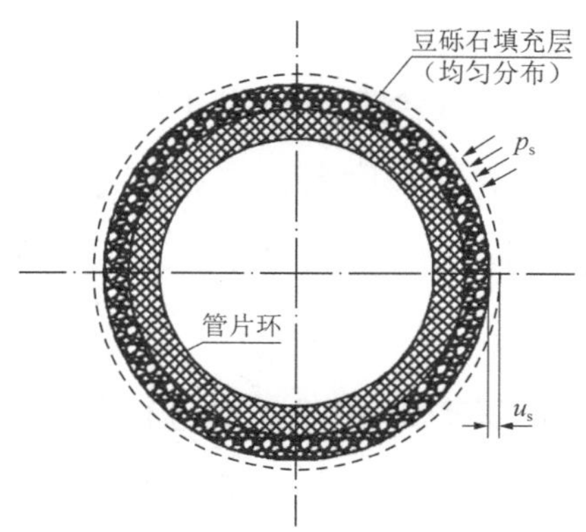


图 3-5　组合支护体系示意

基于厚壁圆筒的弹性应变理论，径向位移$u_s$表达式如下：

$$u_s = Ar + \frac{B}{r} \tag{3-3}$$

式中：$A$、$B$——系数；

$r$——对应应力求解位置处的半径。

由组合支护体系的轴对称几何关系可得径向应变和切向应变的计算式为：

$$\begin{cases} \varepsilon_r = A - \dfrac{B}{r^2} \\ \varepsilon_\theta = A + \dfrac{B}{r^2} \end{cases} \tag{3-4}$$

由（Hook）定律可得径向应力和切向应力表达式：

$$\begin{cases} \sigma_r = \dfrac{(1-\upsilon)E}{(1-2\upsilon)(\upsilon+1)}\varepsilon_r + \dfrac{\upsilon E}{(1-2\upsilon)(\upsilon+1)}\varepsilon_\theta \\ \sigma_\theta = \dfrac{(1-\upsilon)E}{(1-2\upsilon)(\upsilon+1)}\varepsilon_\theta + \dfrac{\upsilon E}{(1-2\upsilon)(\upsilon+1)}\varepsilon_r \end{cases} \tag{3-5}$$

式中：$E$——弹性模量；

$\upsilon$——泊松比。

将式(3-4)代入式(3-5)中，可得：

$$\begin{cases} \sigma_r = \dfrac{E}{(1-2\upsilon)(\upsilon+1)}A - \dfrac{E}{(\upsilon+1)}\dfrac{B}{r^2} \\ \sigma_\theta = \dfrac{E}{(1-2\upsilon)(\upsilon+1)}A + \dfrac{E}{(\upsilon+1)}\dfrac{B}{r^2} \end{cases} \tag{3-6}$$

由于管片与豆砾石填充层共同形成的组合支护为双层厚壁圆筒，因此理论推导主要分两步进行：一是从组合支护体系中取出管片环进行隔离受力分析，以得到单独管片环支护时的支护刚度$k_1$；二是在求得$k_1$的基础上，从组合支护体系中取出豆砾石填充层进行隔离受力分析，最后得到组合支护体系的支护刚度$k_s$。具体推导过程如下：

（1）首先将管片从组合支护体系中取出进行隔离分析，假定豆砾石填充层与管片的接触压力为$p_1$，接触位移为$u_1$，如图 3-6 所示。

边界条件为：$u_r|_{r=R} = u_1$，$\sigma_r|_{r=R-a} = 0$，代入上述式(3-3)和式(3-6)中，可解

得$p_1$与$u_1$的关系为：

$$p_1 = \frac{E_c R}{(\upsilon - 1)\left[(R-a)^2 + (1-2\upsilon_c)R^2\right]}\left[1 - \frac{(R-a)^2}{R^2}\right]u_1 \tag{3-7}$$

由于$p_1 = k_1 u_1$，因此，管片衬砌的单独支护刚度$k_1$为：

$$k_1 = \frac{E_c R}{(\upsilon_c + 1)\left[(R-a)^2 + (1-2\upsilon_c)R^2\right]}\left[1 - \frac{(R-a)^2}{R^2}\right] \tag{3-8}$$

式中：$E_c$、$\upsilon_c$——混凝土弹性模量和泊松比；

$a$——混凝土管片厚度；

$R$——管片环外半径。

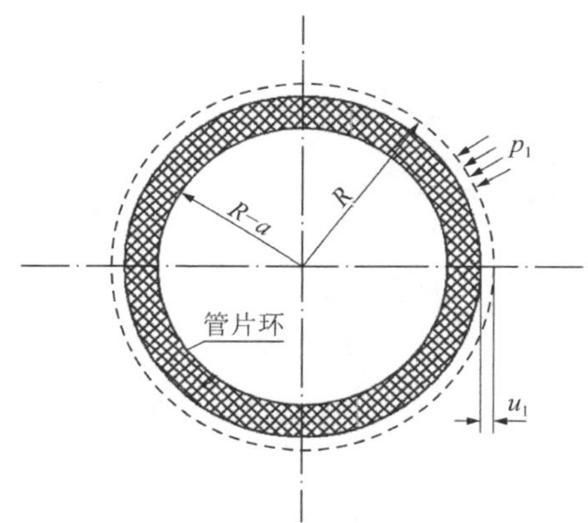


图 3-6　管片环结构受力分析

（2）取出豆砾石填充层进行隔离分析，其受力分析如图 3-7 所示。

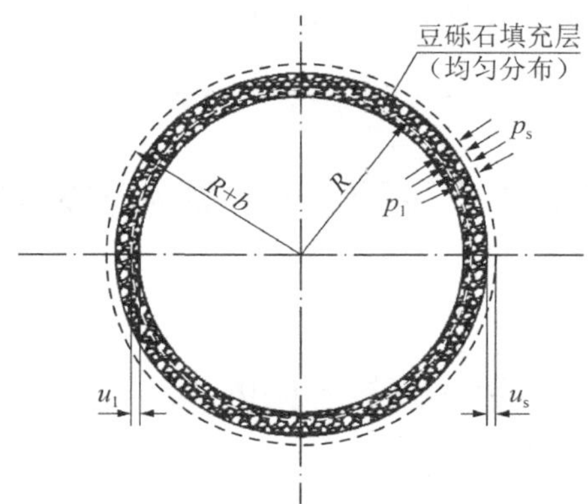


图 3-7　豆砾石填充层受力分析

为求组合支护力$p_s$和组合支护径向位移$u_s$，将管片环接触压力$p_1$与位移$u_1$作为边界条件代入求解。边界条件为：$u_r|_{r=R} = u_1$，$\sigma_r|_{r=R} = p_1$。将边界条件代入式(3-3)和式(3-5)中，可以得到：

$$\begin{cases} p_s = p_1 \times C_1 + u_1 \times C_2 \\ u_s = p_1 \times C_3 + u_1 \times C_4 \end{cases} \tag{3-9}$$

将式(3-10)中的$p_1$，$u_1$用$k_1$代替并最终消掉所有$p_1$，$u_1$项，简化得到：

$$p_s = \frac{k_1 C_1 + C_2}{k_1 C_3 + C_4} u_s \tag{3-10}$$

可得管片环与均匀豆砾石填充层构成的组合支护体系的支护刚度为：

$$k_s = \frac{k_1 C_1 + C_2}{k_1 C_3 + C_4} \tag{3-11}$$

式中：$C_1 \sim C_4$——与豆砾石填充层物理性质和几何尺寸相关的参数，其表达式为：

$$\begin{cases} C_1 = \dfrac{(R+b)^2 + (1-2v_0)R^2}{2(1-v_0)(R+b)^2} \\ C_2 = \dfrac{E_0}{1-v_0^2}\left[\dfrac{1}{R} - \dfrac{R}{(R+b)^2}\right] \\ C_3 = \left[\dfrac{(R+b)^2 - R^2}{R+b}\right] \\ C_4 = \dfrac{R^2 + (1-2v_0)(R+b)^2}{2(1-v_0)(R+b)R} \end{cases} \tag{3-12}$$

$b$——均匀化的豆砾石填充层厚度；

$v_0$——豆砾石填充层的泊松比；

$E_0$——豆砾石填充层的弹性模量；

$R$——管片环外半径。

### 3.2.3 不同影响因素下豆砾石—管片结构组合支护体系力学特性

以多雄拉隧道为工程实例，分析不同因素对豆砾石—管片结构组合支护体系力学特性的影响情况。隧道开挖洞径为 9.13m，管片环外半径$R$为 4.4m，管片厚度$a$为 0.35m。因此，均匀化后的豆砾石填充层厚度$t$为 0.15m；管片混凝土强度等级为 C40 和 C50，实际分析中混凝土弹性模量$E_c$、泊松比$v_c$按 C50 强度等级混凝土分别取为 34.5GPa、0.2。注浆后的豆砾石填充层的物理参数按照工程经验取值：弹性模量$E_0$取为 1GPa，泊松比$v_0$取为 0.3。

（1）豆砾石—管片结构组合支护体系力学性能评判指标

对豆砾石填充层的力学性能分析主要从组合支护刚度折减、豆砾石填充层应力和变形三方面进行，因此建立豆砾石填充层的应力分担比$U_{\mathrm{P}}$、变形比$U_{\mathrm{u}}$和组合支护刚度折减系数$K$这三个分析指标，具体表达式分别如下：

组合支护刚度折减系数定义为：

$$K=\frac{k_{\mathrm{s}}}{k_1} \tag{3-13}$$

式中：$k_1$——管片衬砌的单独支护刚度；

$k_{\mathrm{s}}$——组合支护体系支护刚度。

豆砾石填充层的应力分担比定义为：

$$U_{\mathrm{p}}=\frac{p_{\mathrm{s}}-p_1}{p_{\mathrm{s}}} \tag{3-14}$$

式中：$p_1$——接触压力；

$p_{\mathrm{s}}$——组合支护力。

豆砾石填充层的变形比定义为：

$$U_{\mathrm{u}}=\frac{u_{\mathrm{s}}-u_1}{u_{\mathrm{s}}} \tag{3-15}$$

式中：$u_1$——管片结构径向位移；

$u_{\mathrm{s}}$——组合结构径向位移。

（2）豆砾石填充层厚度影响分析

针对上述工程实例，在管片、豆砾石填充层物理性质、几何参数不变的情况下，改变豆砾石填充层厚度，以分析其对组合支护刚度、豆砾石填充层应力分担比、变形比的影响，如图 3-8 所示。

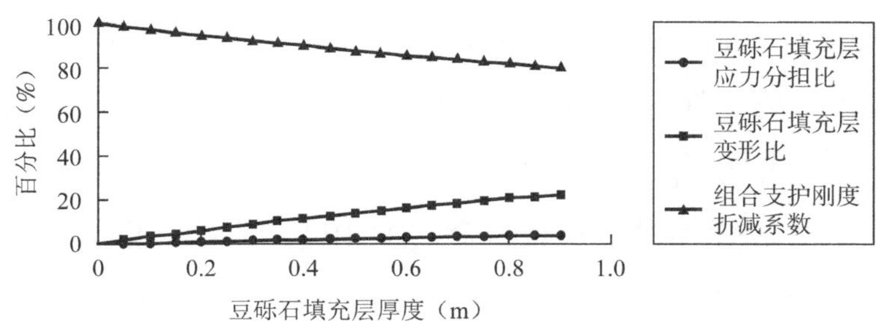


图 3-8　豆砾石填充层厚度对支护特性的影响

豆砾石填充层在不同厚度情况下均会降低支护整体刚度；随着豆砾石填充层厚度的增加，其吸收变形的能力在增强，但与其厚度在组合支护厚度中的比例相比较，豆砾石填充层吸收变形的能力不如管片环；豆砾石填充层应力分担比在不同厚度情况下均保持在很低的水平，不能有效地分担围岩应力。综上所述，豆砾石填充层厚度的变化不能改变豆砾石填充层在管片与围岩之间传递围岩压力和变形这一力学性质。

（3）豆砾石填充层弹性模量影响分析

目前对豆砾石填充层的物理性质及弹性模量的研究相对较少，为了给其他类型的管片环外填充固结层的力学性质分析提供参考，将填充固结层的弹性模量在 0～10GPa 范围内取值以研究其对组合支护特性的影响。同样，除改变豆砾石填充层弹性模量$E_0$外，其他参数均为多雄拉隧道工程实例中的参数。其对组合支护刚度、豆砾石填充层应力分担比、变形比的影响结果，如图 3-9 所示。

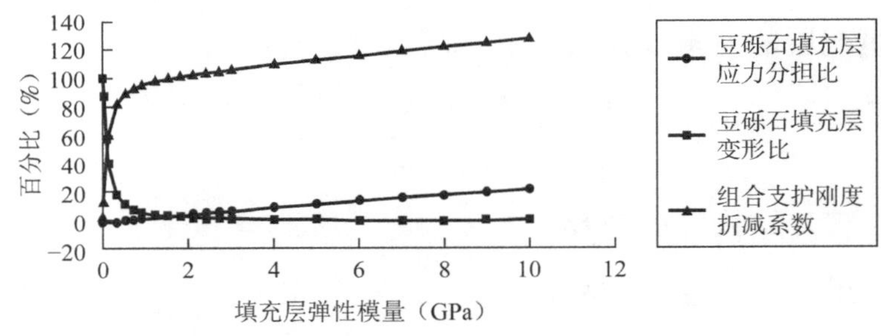


图 3-9　填充层弹性模量对支护特性的影响

当填充层弹性模量$E_0$由 0～10GPa 变化取值时，填充层应力分担比几乎呈线性增加，但是增长缓慢，即使填充层弹性模量达到 10GPa，应力分担比也不足 20%；填充层的变形比由 100%逐渐降低为 0，说明填充层随着其弹性模量的提高，吸收变形的能力在逐渐降低；组合支护刚度由 0 开始快速增加，到达一定值时（图中约为 1.7GPa），组合支护刚度达到单独管片环的支护刚度，该弹性模量为临界弹性模量$E_t$。

为了探究该临界弹性模量$E_t$对组合支护刚度的影响，将填充层厚度$t$最大取到 0.4m。填充层弹性模量则分别取 0.5GPa、1GPa、1.6GPa、1.8GPa、3GPa 和 5GPa 进行研究，结果如图 3-10 所示。

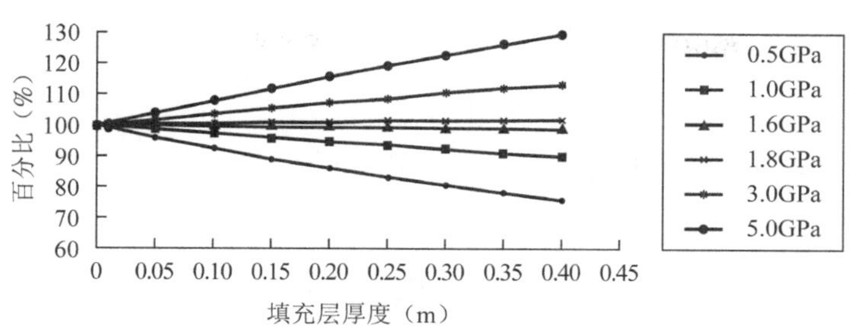


图 3-10　填充层弹性模量与组合支护刚度折减系数关系图

填充层弹性模量存在一临界弹性模量$E_t$，会使组合支护刚度的性质产生突变：当豆砾石填充层实际弹性模量$E_0$大于该临界弹性模量$E_t$时，无论填充层厚度在 0～0.4m 范围内如何取值，组合支护刚度都大于单独管片环支护刚度；当实际弹性模量$E_0$小于临界弹性模量$E_t$时，组合支护刚度都小于单独管片环支护刚度。因此，处理挤压性围岩时，在不减小单独管片环刚度的条件下，若需要使管片—填充层组合支护体系表现更为柔性，以允许围岩适度变形，释放围岩压力，那么填充层的弹性模量需要满足下式：

$$E_0 < E_t \tag{3-16}$$

填充层厚度虽然不具有使组合支护刚度性质产生突变的作用，但是填充层厚度的增加具有对组合支护刚度性质进行强化的作用：当$E_0 < E_t$时，填充层厚度越大，组合支护刚度越大；当$E_0 > E_t$时，填充层厚度越大，组合支护刚度越小。

## 3.3　双护盾 TBM 隧道围岩—豆砾石耦合作用抗力系数计算方法

双护盾 TBM 隧道中管片结构作为隧道的衬砌结构，然而管片结构并未与围岩直接接触，而是在围岩与管片结构之间存在豆砾石层。因此，与传统复合式衬砌结构不同，若采用荷载—结构设计模型对双护盾 TBM 管片结构进行设计，所选取的围岩抗力系数应充分考虑豆砾石层的作用，即应选取围岩—豆砾石层耦合抗力系数。

### 3.3.1　围岩—豆砾石层耦合力学计算模型

为简化计算，假定豆砾石灌浆层厚度沿洞壁呈均匀分布；围岩与豆砾石灌浆层均为理想弹性体；豆砾石灌浆层内侧受到管片环均匀分布的法向挤压力作用。

简化后的围岩—豆砾石层耦合力学模型如图 3-11 所示。

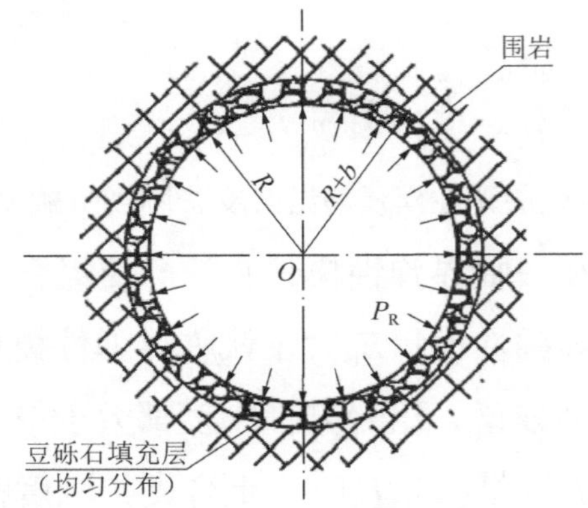


图 3-11　围岩—豆砾石层耦合力学模型

由于是理想弹性体，围岩—豆砾石层耦合模型的总应力应变关系符合温克勒假定：

$$P_R = k_R U_R \tag{3-17}$$

式中：$P_R$——豆砾石灌浆层内侧受到的法向挤压力；

$U_R$——内侧的径向变形；

$k_R$——围岩—豆砾石的综合抗力系数。

## 3.3.2　围岩—豆砾石耦合抗力系数计算方法

对豆砾石灌浆层进行隔离受力分析，分析简图如图 3-12 所示。豆砾石灌浆层受到外侧均匀径向压力$P_r$和内侧均匀径向压力$P_R$的作用，最终产生向四周扩张的变形。此时豆砾石灌浆层外侧向外变形量为$U_r$，内侧外变形量为$U_R$。

按厚壁圆筒的弹性应变理论进行求解。径向位移表达式如下：

$$u_{径} = A_1 r + \frac{A_2}{r} \tag{3-18}$$

径向应力表达式如下：

$$\sigma_{径} = \frac{E}{(1-2\upsilon)(\upsilon+1)}A_1 - \frac{E}{(\upsilon+1)r^2}A_2 \tag{3-19}$$

式中：$A_1$、$A_2$——系数；

$E$、$\upsilon$——弹性模量（MPa）和泊松比；

$r$——厚壁圆筒结构上对应应力求解位置处的半径（m）。

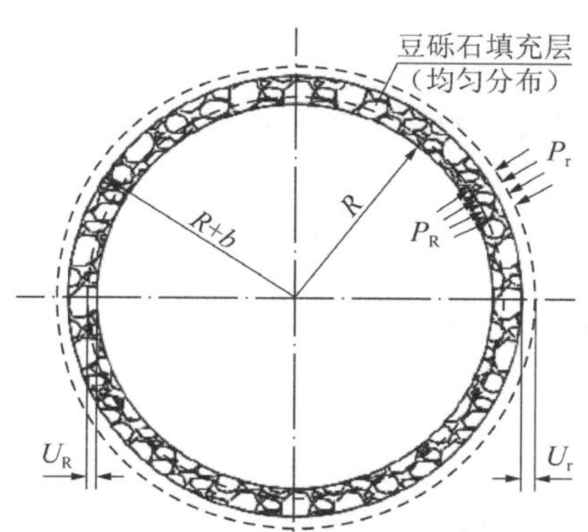


图 3-12 豆砾石灌浆层隔离分析图

虽然豆砾石灌浆层外侧所受到的相互作用力$P_r$和位移$U_r$是未知量，它们与$k_r$满足上式的关系，将用已知量$k_r$来全部替换掉$P_r$和$U_r$，再将$P_r$和$U_r$作为已知的边界条件代入方程求解。

解得关于$P_R$、$U_R$的表达式为：

$$\begin{cases} P_r = P_R G_1 - U_R G_2 \\ U_r = U_R G_4 - P_R G_3 \end{cases} \tag{3-20}$$

根据上式将$P_r$和$U_r$用$k_r$代替，得到$P_R$、$U_R$之间的关系式为：

$$P_R = \frac{k_r G_4 + G_2}{k_r G_3 + G_1} U_R \tag{3-21}$$

$$\begin{cases} G_1 = \dfrac{(R+b)^2 + (1-2\upsilon_0)R^2}{2(1-\upsilon_0)(R+b)^2} \\ G_2 = \dfrac{E_0}{1-\upsilon_0^2}\left[\dfrac{1}{R} - \dfrac{R}{(R+b)^2}\right] \\ G_3 = \dfrac{(1-2\upsilon_0)(1+\upsilon_0)}{2E_0(1-\upsilon_0)} \dfrac{(R+b)^2 - R^2}{R+b} \\ G_4 = \dfrac{R^2 + (1-2\upsilon_0)(R+b)^2}{2(1-\upsilon_0)(R+b)R} \end{cases} \tag{3-22}$$

式中：$G_1 \sim G_4$——仅与豆砾石灌浆层物理性质和几何尺寸相关的系数，各系数的表达式为：

$E_0$、$\upsilon_0$——豆砾石填充层的弹性模量（MPa）与泊松比；

$b$——豆砾石填充层厚度（m）；

$R$——管片环外半径（m）。

由上式可知，对称条件下围岩—豆砾石抗力系数的表达式如下：

$$k_R = \frac{k_r G_4 + G_2}{k_r G_3 + G_1} \tag{3-23}$$

上式中地层单独作用时的围岩弹性抗力系数$k_r$可按规范、经验或理论公式计算取值。

### 3.3.3 多雄拉隧道围岩—豆砾石耦合抗力系数

多雄拉隧道穿越地层主要为III～V级围岩，采用式(3-23)分别对三种围岩的综合抗力系数进行计算。地层抗力系数可根据《公路隧道设计细则》（JTG/T D70—2010）进行选取，豆砾石层弹性模量及豆砾石层泊松比根据现场试验选取或可根据经验选取，弹性模量$E_0$取值为 1GPa；泊松比为 0.4。管片结构外半径为 4.4m。填充层厚度为 0.15m。多雄拉隧道不同围岩级别下综合抗力系数计算结果及与弹性抗力系数比值，见表 3-2。

**不同围岩级别豆砾石—围岩综合抗力系数** 表 3-2

| 围岩级别 | 亚级 | 弹性抗力系数$k_r$（MPa/m） | 综合抗力系数$k_R$（MPa/m） | $k_R/k_r$ |
|---|---|---|---|---|
| III级 | $III_1$级 | 850～1200 | 810～1112 | 0.93～0.95 |
| | $III_2$级 | 500～850 | 495～810 | 0.95～0.99 |
| IV级 | $IV_1$级 | 400～500 | 402～495 | 0.99～1.01 |
| | $IV_2$级 | 300～400 | 308～402 | 1.01～1.03 |
| | $IV_3$级 | 200～300 | 213～308 | 1.03～1.06 |
| V 级 | $V_1$级 | 150～200 | 164～213 | 1.06～1.10 |
| | $V_2$级 | 100～150 | 116～164 | 1.10～1.16 |

注：豆砾石层弹性模量 1GPa；泊松比 0.4；管片结构半径 4m；填充层厚度 0.15m。

由表 3-2 可知，豆砾石层在围岩级别较好时，由于其密实程度影响，削弱了地层抗力系数的量值；但在围岩级别较差时，豆砾石层的力学性能比地层性能要好，起到强化地层抗力系数的作用。

# 3.4　基于豆砾石—围岩耦合作用的双护盾TBM隧道管片设计方法

## 3.4.1　管片结构设计模型

隧道结构设计多采用荷载—结构法，围岩与管片的相互作用由地层抗力表达，结构设计中，地层抗力由全环设置径向和切向地层弹簧进行模拟，如图3-13所示。对于双护盾TBM隧道管片与围岩之间存在回填层，在确定弹簧刚度时应考虑回填层的作用。研究基于温克勒假定和厚壁圆筒理论，建立了回填层-围岩耦合抗力系数计算公式，可以此作为弹簧刚度的确定方法。径向弹簧$K_R$由耦合抗力系数计算公式(3-24)计算得出，且径向弹簧只受压不受拉，切向弹簧刚度$K_t$取径向弹簧刚度的1/3。荷载计算方法可采用相关规范中的荷载计算方法确定。

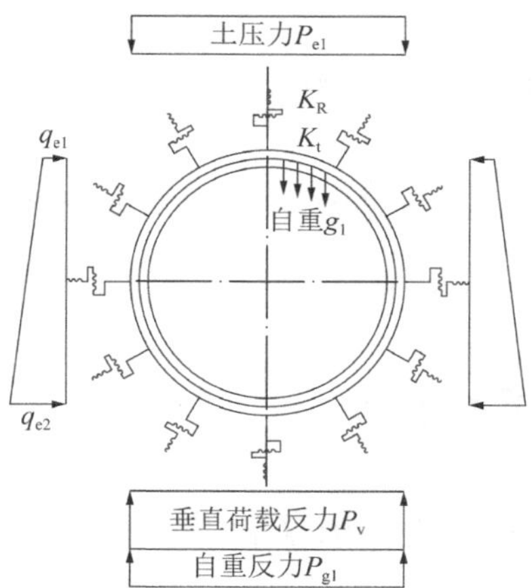


图3-13　TBM隧道结构设计模型

$$\begin{cases} K_R = \begin{cases} k_R & \text{弹簧受压} \\ 0 & \text{弹簧受拉} \end{cases} \\ K_t = \dfrac{K_R}{3} \end{cases} \tag{3-24}$$

式中：$k_R$——回填层—围岩耦合抗力系数（MPa/m）。

管片结构设计主要包含管片混凝土结构设计和接头设计，混凝土结构设计包含截面厚度及配筋设计，截面尺寸多通过经验确定，变化不大，接头设计主要确定接头的尺寸及型号。结构设计流程如图3-14所示。

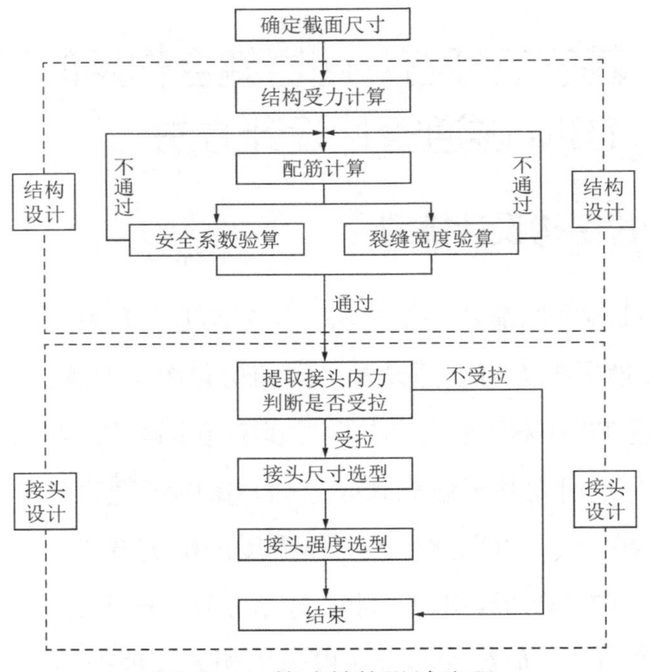


图 3-14　管片结构设计流程

### 3.4.2　管片结构配筋设计方法

在不同的地质条件下，可由双护盾 TBM 管片结构计算模型计算得到管片结构不同位置处的内力值，提出内力值后，其配筋方法可按相关规范执行。

### 3.4.3　管片连接螺栓设计方法

为了验证设计计算出的螺栓参数能否满足力学受力要求，需要对螺栓接头性能进行验算。螺栓验算判据如下。

（1）块间接头螺栓的验算判定依据

$$M < M_u \tag{3-25}$$

上式中，$M$为弯矩效应值，$M_u$为弯矩抗力值。也即需满足：

$$K = \frac{M}{M_u} < 1 \tag{3-26}$$

当式(3-26)中的检算系数大于 1 时，判定为不合格。

由于采用多雄拉隧道管片结构采用斜螺栓进行联结，且斜螺栓与管片间接缝的夹角为 60°，故将斜螺栓的轴力投影在管片间接缝面法线方向上，用该力参与块间接头螺栓的验算。块间接头验算的示意图，如图3-15所示。

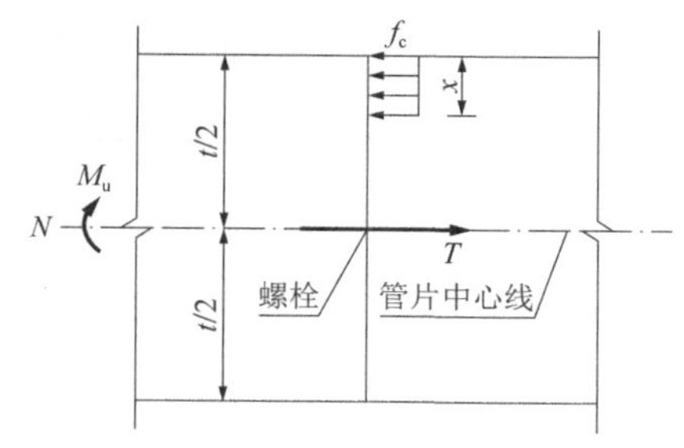


图3-15 块间接头螺栓检算示意图

（2）环间接头螺栓的验算判定依据

$$Q < Q_u \tag{3-27}$$

式中：$Q$——剪力效应值；

$Q_u$——剪力抗力值。也即需满足

$$K = \frac{Q}{Q_u} < 1 \tag{3-28}$$

当上式中的检算系数大于1时，判定为不合格。

环间接头螺栓验算的示意图，如图3-16所示。

（3）接头张开量的验算判定依据

《地铁设计规范》（GB 50158—2013）关于盾构法施工的隧道结构设计的规定，纵缝张开不大于3mm。以块间接头为对象，进行接头的开裂验算；张开量的计算公式为：

$$\sigma = (h - x)\theta \tag{3-29}$$

式中：$h$——管片厚度（m）；

$x$——中和轴高度（m）；

$\theta$——接头转角（°）。

接头张开量的验算示意图如图3-17所示。接头的转动中心为管片接头混凝土与钢材应力计算中所得的中和轴位置，接头转角通过接头部位所发生的弯矩和转动弹簧系数求得。

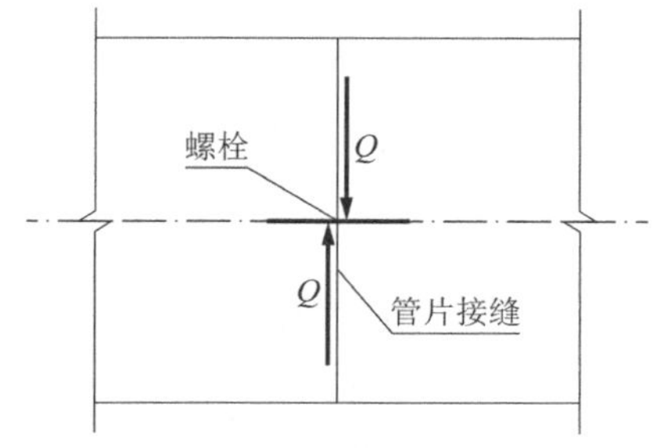


图3-16 环间接头螺栓检算示意图

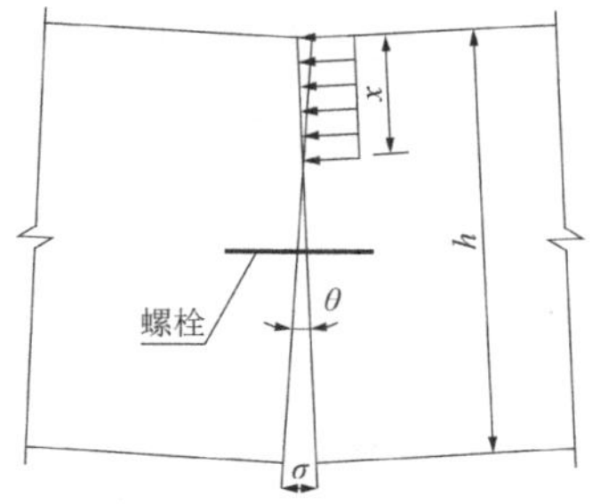


图3-17 接头张开量的检算示意图

（4）锚固长度验算判定依据

由于目前没有螺栓与管片混凝土的锚固长度计算的相关规范。因此，参照

《岩土锚杆（索）技术规程》（CECS 22—2018）中 7.5 节锚杆或单元锚杆的锚固段长度计算公式进行计算。考虑到螺栓与管片混凝土间不存在注浆体，管片混凝土的钻孔直径按螺栓直径考虑，则锚固段长度估算公式为：

$$L_a > \frac{KN_t}{n\pi d\xi f_{ms}\varphi} \tag{3-30}$$

$$L_a > \frac{KN_t}{n\pi d\xi f_{ms}\varphi} \tag{3-31}$$

式中：$K$——抗拔安全系数，按照最不利的安全等级为I级的永久锚杆的最小安全系数取为 2.2；

$N_t$——轴向拉力设计值（kN），经计算为 125.066kN；

$L_a$——锚固长度（m）；

$f_{ms}$——黏结强度（MPa），经计算为 10.235MPa；

$d$——螺栓直径（m），取 0.03m；

$n$——螺栓数量，块间接头处设置了 2 颗斜螺栓，故取为 2；

$\xi$——界面的黏结强度降低系数，取为 1，为锚固长度对黏结强度的影响系数；由于锚固长度小于 2m 且混凝土的性质相比软岩较好，故取1.6；

$\varphi$——锚固长度对黏结强度的影响系数；由于锚固长度小于 2m 且混凝土的性质相比软岩较好，故取为 1.6。

## 3.5 多雄拉隧道管片结构设计

多雄拉隧道采用上述基于豆砾石—围岩耦合作用的双护盾 TBM 隧道管片设计方法分别对Ⅲ～Ⅴ级围岩条件下对管片结构进行了设计，突破了现行规范，采用了强度等级为 C35 的混凝土管片，见表 3-3。

**多雄拉隧道考虑豆砾石填充层影响的管片结构设计结果** 表 3-3

| 围岩级别 | 管片厚度（cm） | 混凝土强度 | 含筋量（kg/m³） | 类型 |
|---|---|---|---|---|
| Ⅲ | 35 | C35 | 114.21 | 轻型 |
| Ⅳ | | | 917.69 | 中型 |
| Ⅴ | | C50 | 253.53 | 重型 |

在多雄拉隧道的施工过程中，对管片的实际受力进行了现场实测，如图 3-18、图 3-19 所示。

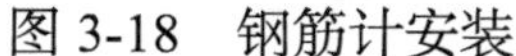

图 3-18　钢筋计安装

图 3-19　测试仪器组网走线

通过不同计算方法与现场实测值弯矩、轴力进行对比，如图 3-20 所示。采用所提出的考虑豆砾石填充层影响的管片结构设计模型计算出的弯矩、轴力量值相比于传统计算方法的计算结果，更贴近于现场实测真实量值。弯矩的计算精度提高约 12%；轴力的计算精度提高约 10%。

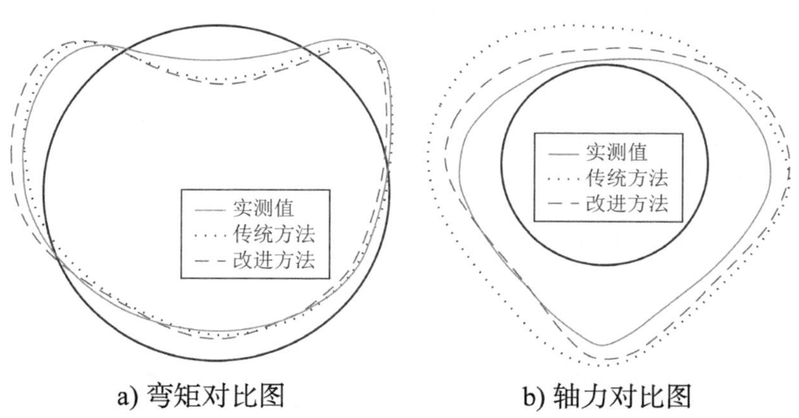


a) 弯矩对比图　　b) 轴力对比图

图 3-20　不同计算方法及现场实测值弯矩、轴力对比图

# 第4章　高地应力挤压性围岩双护盾TBM隧道管片结构设计方法

在双护盾TBM施工的隧道中，高地应力条件下围岩挤压现象较为普遍，并已成为工程建设中日益突出的问题。工程实例表明，围岩挤压现象是双护盾TBM隧道管片结构破坏和导致双护盾TBM卡机的重要原因之一，因此探明高地应力挤压性围岩对双护盾TBM的作用机理尤为重要。本章介绍挤压性围岩的分级及其对双护盾TBM的影响，在此基础上，从高地应力对围岩力学特性影响入手，结合挤压性围岩双护盾TBM隧道围岩形变及破坏特征，提出挤压性围岩条件下双护盾TBM隧道管片形变压力的计算方法及结构设计方法，并结合挤压性围岩条件下双护盾TBM特点，建立相应的管片结构计算模型。

## 4.1　挤压性围岩分级及对双护盾TBM的影响

### 4.1.1　挤压性围岩的定义

国际岩石力学学会对于挤压现象的定义为：地层的挤压现象是发生在隧道开挖过程中的具有时间效应的大变形现象，通常与地层应力超过岩体的极限剪切应力所引起的流变相关；大变形可能在建造过程中结束，也可能持续较长的一段时间。由上述定义可知：挤压现象的产生需满足地层应力超过极限剪切应力，这在深埋软弱围岩、浅埋极软岩或浅埋条件下地质构造等原因造成的应力集中带均有存在，其中在深埋软弱围岩中较为普遍。但当地应力较大、围岩较破碎时，较坚硬围岩也可能出现挤压性现象。

### 4.1.2 挤压性围岩分级

在挤压性围岩隧道工程实践中，基于变形分级的勘察、设计、施工理念逐步被人们所接受，该理念改变了一般隧道按围岩分级的做法，有效降低了工程危害。我国《公路隧道设计规范 第一册 土建工程》（JTG 3370.1—2018）以相对变形指标作为分级依据，见表 4-1。

**《公路隧道设计规范 第一册 土建工程》**（JTG 3370.1—2018） 表 4-1

**中围岩大变形分级表**

| 大变形分级 | 名称 | 判据（%） |
|---|---|---|
| I | 轻微大变形 | $2 \leqslant U_a/a < 3$ |
| II | 中等大变形 | $3 \leqslant U_a/a < 5$ |
| III | 强烈大变形 | $5 \leqslant U_a/a$ |

注：$U_a$为变形量；$a$为开挖直径。

该分级方法需要测得隧道开挖后的变形量，适用于施工阶段对围岩挤压变形分级的修正，在设计阶段推荐参考《铁路隧道设计规范》（TB 10003—2016）中以岩体强度应力比作为指标的挤压变形分级方法，见表 4-2。

**《铁路隧道设计规范》**（TB 10003—2016）**中围岩大变形分级表** 表 4-2

| 大变形分级 | 名称 | 围岩强度应力比 |
|---|---|---|
| I | 轻微大变形 | $0.25 \leqslant R_b/\sigma_{max} < 0.5$ |
| II | 中等大变形 | $0.15 \leqslant R_b/\sigma_{max} < 0.25$ |
| III | 强烈大变形 | $R_b/\sigma_{max} < 0.15$ |

注：$R_b$为围岩强度（MPa）；$\sigma_{max}$为最大地应力（MPa）。

### 4.1.3 挤压性围岩对双护盾 TBM 影响

对国内外采用 TBM 施工的工程调研发现，在大埋深隧道中采用双护盾 TBM 施工的工程占比较高，统计的最大埋深达到了 1500m。而埋深大通常伴随着高地应力，在高地应力的影响下，围岩的破坏机理及模式会发生改变，并最终作用在衬砌结构上，不同于一般深埋或浅埋条件下的围岩压力。通常选用 TBM 掘进技术的必要条件是隧道长度大于 6km 或长径比大于 600。因此双护盾 TBM 施工隧道的距离长，地质条件更为复杂，出现高地应力挤压性围岩的可能性更高。

挤压性围岩对双护盾 TBM 的影响主要体现在设计和施工两个方面。在设计方面，现行规范中主要给出了松散压力或塌方荷载的计算方法，仅有《公路隧道设计规范　第一册　土建工程》(JTG 3370.1—2018)给出了形变压力的计算方法，但该形变压力的计算方法没有考虑双护盾 TBM 施工特性，直接用于双护盾 TBM 在挤压性围岩中形变压力的计算存在一定的不足；同时目前也没有针对挤压性围岩中双护盾 TBM 管片的结构设计模型。在施工方面，双护盾 TBM 在挤压性围岩条件下，其掘进施工通常会受到阻碍。由于双护盾 TBM 受到设备几何条件、刀具开挖尺寸的约束，在护盾区域可能造成的困难有刀头被挤压性围岩黏住、护盾被挤压性围岩挤压卡住；在后配套区域可能造成的困难有后配套设备的卡机、隧道支护的破坏。

## 4.2　挤压性地层双护盾 TBM 隧道形变特征

### 4.2.1　隧道纵向形变特征

1）挤压性地层隧道纵向变形的时空效应

高挤压性地层变形为围岩在地应力作用下的弹黏塑性力学行为，其包含弹性变形、塑性变形以及黏性变形三部分。弹性变形、塑性变形与隧道围岩纵向形变的空间效应有关；黏性变形与隧道围岩形变的时间效应有关。挤压性地层隧道变形的空间效应认为弹塑性变形与时间无关，属于即时性变形。

挤压性地层隧道变形空间效应包含隧道横截面上的环向成拱效应和隧道纵断面上的成拱效应。

隧道纵断面上的成拱效应主要包含开挖面效应和护盾后方支护效应。开挖面效应和护盾后方支护效应主要为开挖面或支护的存在对其有效支撑范围内的围岩提供了一个“虚拟”支撑力。当开挖面随着隧道的不断掘进而不断向前时，某一位置处的围岩受到的开挖面“虚拟”支撑力逐渐减弱以至消失。护盾后方支护在护盾离开后为围岩开始提供支护力，随着开挖面及 TBM 的向前推进，开挖面“虚拟”支撑力减小，支护对对应围岩提供的支撑力不断增大，支护的支撑对附近围岩的产生的“虚拟”支撑力不断增大，并约束其变形。

挤压性地层隧道变形时间效应主要涉及围岩材料的黏滞性。挤压性地层在隧道开挖后，围岩产生应力重分布，进而导致岩石的偏应力增大，且会增加岩石时效破坏的可能，引发围岩的持续性变形。因此，挤压性地层隧道变形的时间效应起始点设为挤压性地层开始受到隧道开挖扰动的时刻。

2）双护盾 TBM 隧道围岩三阶段位移释放

双护盾 TBM 隧道围岩纵向形变特征需考虑双护盾 TBM 掘进支护特点。结合双护盾 TBM 掘进支护流程，发现双护盾 TBM 掘进支护存在以下 4 个特点。

（1）双护盾 TBM 隧道开挖面处开挖洞径较为固定，刀盘直径一致。

（2）双护盾 TBM 管片结构支护位置较为固定。

结合双护盾 TBM 掘进支护流程，后护盾一旦离开新拼装的管片环，豆砾石就需及时回填，那么对于双护盾掘进模式，开挖面离支护点的距离为双护盾 TBM 完全伸长时的整个护盾长度；对于单护盾模式，开挖面离支护点的距离为双护盾 TBM 完全收缩时的整个护盾长度。

因此，双护盾 TBM 掘进隧道与钻爆法隧道、敞开式 TBM 掘进隧道相比，其管片结构的支护位置较为固定。

（3）双护盾 TBM 管片结构支护时间不固定。

虽然双护盾 TBM 管片结构支护位置较为固定，在不同的围岩条件下双护盾 TBM 的掘进总速度并不相同，因此双护盾 TBM 管片结构支护时间不固定。

（4）豆砾石灌浆层实际填充厚度不固定。

当隧道采用双护盾 TBM 掘进时，通常会用到豆砾石回填与灌浆技术。但是在挤压性地层条件下，围岩挤入隧道，造成围岩与管片环之间的间隙缩小，而豆砾石灌浆层可填充的空间缩小；由于挤压围岩的挤压程度不同，豆砾石可填充空间厚度不同。

结合挤压性地层隧道的纵向形变机制与双护盾 TBM 掘进支护特点，发现隧道围岩在双护盾 TBM 掘进的全过程中经历了三个阶段的位移释放，如图 4-1 所示。

第一阶段围岩位移释放为开挖面前方先行位移释放阶段，发生在开挖面前方围岩开始受到应力扰动到开挖面刚好到达这一过程中。其释放量$U_{\text{s-1}}$主要包含三部分，见式(4-1)。

$$U_{\text{s-1}} = U_{\text{s-1t}} + U_{\text{s-1s}} + U_{\text{s-1n}} \tag{4-1}$$

式中：$U_{\text{s-1t}}$——弹性位移释放量；

$U_{s\text{-}1s}$——塑性位移释放量；

$U_{s\text{-}1n}$——黏性位移释放量。

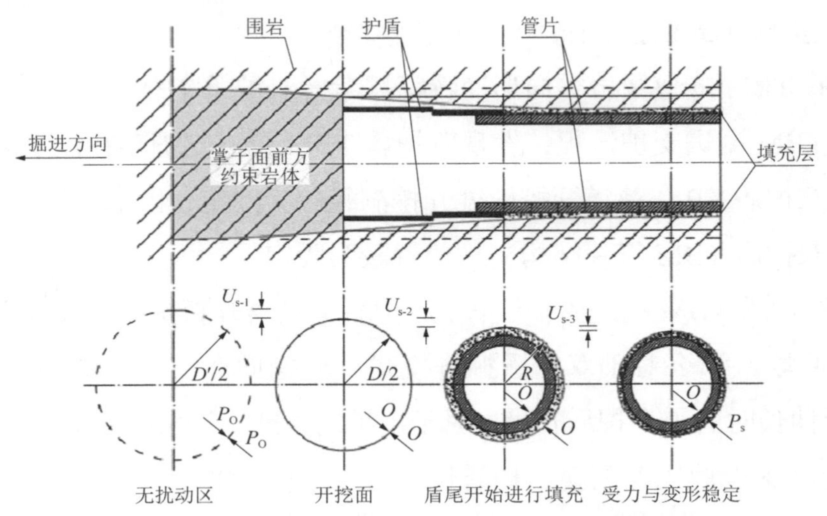


图 4-1 双护盾 TBM 掘进全过程三阶段位移释放

由于弹性位移释放量和塑性位移释放量都是瞬时发生的，其值的大小仅与围岩的空间效应有关；黏性位移释放量与围岩受到开挖扰动的时间$t_1$相关。

$t_1$的表达式如下：

$$t_1 = \frac{L_{prc}}{u_{TBM}} \tag{4-2}$$

式中：$L_{prc}$——开挖面效应在开挖面前方的影响范围，取为 1～1.5 倍洞径；

$u_{TBM}$——双护盾 TBM 在特定围岩条件下的总掘进速度。

第二阶段围岩位移释放为护盾区域围岩位移释放，发生在开挖面至盾尾填充层形成这一过程中。同样，位移释放量$U_{s\text{-}2}$包含三部分，见式(4-3)。

$$U_{s\text{-}2} = U_{s\text{-}2t} + U_{s\text{-}2s} + U_{s\text{-}2n} \tag{4-3}$$

弹性位移释放量$U_{s\text{-}2t}$和塑性位移释放量$U_{s\text{-}2s}$均为瞬时发生，与围岩的空间效应有关；黏性位移释放量$U_{s\text{-}2n}$与围岩在护盾区域暴露的时间相关，由开挖面通过到支护形成这一过程中围岩的暴露段长度除以双护盾 TBM 总掘进速度求得。

第三阶段围岩位移释放为变形协调位移释放阶段，发生在管片—填充层—围岩三者开始共同变形到最终变形稳定的这一过程中。同样，位移包含弹性位移释放量、塑性位移释放量和黏性位移释放量。

### 4.2.2　挤压性地层双护盾 TBM 隧道横向破坏特征

双护盾 TBM 隧道围岩的破坏模式受豆砾石回填灌浆过程的影响较大。现结合豆砾石回填灌浆过程研究隧道围岩的破坏模式。

1）隧道顶部围岩松散塌落

挤压性地层双护盾 TBM 隧道顶部围岩可能形成松散塌落的原因有以下 3 种。

（1）隧道拱顶支撑的不足或不及时导致了拱顶围岩的应变软化，致使塑性围岩介质向松弛介质的转化。隧道拱顶支撑不足或不及时与双护盾 TBM 豆砾石回填灌浆施工相关，豆砾石回填示意图如图 4-2 所示。

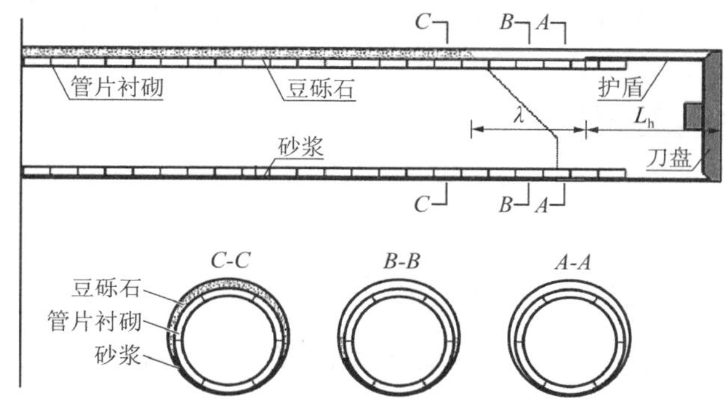


图 4-2　双护盾 TBM 豆砾石回填灌浆施工过程示意图

豆砾石回填通常滞后于管片安装一定距离，同时豆砾石在重力影响下会形成接近于自然休止角坡面，造成拱顶的豆砾石回填滞后或填充不充分。由于豆砾石层对管片起刚性支撑作用，能在片与围岩之间传递围岩压力，因此拱顶豆砾石回填滞后或填充不充分会使拱顶围岩失去管片的及时支撑，增大围岩的暴露段长度，从而增大围岩的暴露时间。

（2）同时，在拱顶岩体重力的影响下可能形成重力坍塌区，如图 4-3 所示。

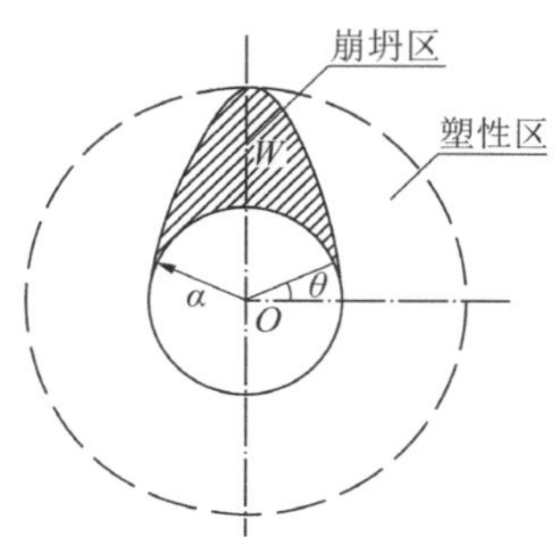


图 4-3　重力坍塌示意图

（3）围岩较破碎时，由于机械振动的作用，部分疏松石块、石屑掉落在豆砾石层顶面或预制管片面上。

2）隧道顶部地层抗力损失

隧道顶部围岩的松散塌落导致软弱破碎围岩堆积在管片外侧，灌浆时浆液将破碎岩块、石屑凝结，凝结后的强度很低，并在隧道拱顶形成一个易压缩区域；同时，隧道顶部围岩常常存在未充填密实的空隙。隧道顶部回填空洞或易压缩回填体的存在将会使隧道顶部地层抗力受到极大的损失，并且导致不能有效地在围岩与管片之间传递形变压力。

## 4.3 双护盾 TBM 隧道形变荷载计算方法

### 4.3.1 收敛约束法基本原理

收敛约束法是 20 世纪 80 年代提出的隧道支护结构设计方法，其核心思想是将围岩与支护结构统一考虑，认为支护结构所受荷载是由围岩与支护结构相互作用过程产生的，这是与荷载—结构理论的最大不同。同时，收敛约束法强调支护结构所提供的约束反力并不是要完全阻止围岩变形，而是在一定程度上限制围岩变形与塑性区发展，以便使围岩与支护结构相互作用，充分发挥围岩自身承载能力，从而达到下述条件下围岩—支护结构共同平衡稳定状态。

（1）限制洞周收敛变形至允许量值，使围岩与隧道支护结构变形相互协调。

（2）控制围岩变形后所释放的围岩压力。

（3）只施加足够的支护压力来限制洞周收敛变形，并据此来进行隧道支护参数相关设计。

### 4.3.2 基本原理

以全断面法工法开挖圆形隧道掘进全过程，如图 4-4 所示。其中，隧道开挖半径为$R$，隧道支护结构在距离掌子面$L$处进行架设，架设速度等于隧道掘进速度。$A$-$A$断面为监测断面。

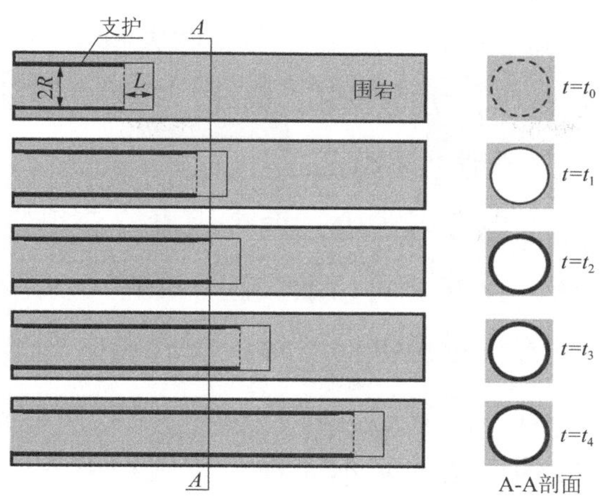


图4-4 隧道开挖与支护过程

（1）$t = t_0$时，隧道掌子面远未到达A-A监测断面。图中虚线表示圆形隧道的设计断面，A-A监测断面内岩体均处于初始地应力$P_0$状态。

（2）$t = t_1$时，随着隧道掌子面的前进，隧道开挖超过A-A监测断面，且掌子面与A-A监测断面之间纵向距离小于$L$。此时，支护结构还未施作，A-A监测断面支护反力（$P_i$）等于零。然而，隧道并未出现垮塌现象，这是由于A-A监测断面与掌子面纵向距离较短，由掌子面空间效应产生的虚拟支护力充当A-A监测断面的支护反力，从而限制围岩的径向变形$u_r$。若不存在掌子面空间效应，要维持A-A监测断面处洞周稳定，则需支护结构提供一定的支护反力以限制径向变形。

（3）$t = t_2$时，A-A监测断面与掌子面纵向距离等于$L$。隧道支护结构开始施作，由于隧道尚未产生进一步变形，因此，此时隧道支护结构并不受力（假设围岩不具备流变效应）。

（4）$t = t_3$时，掌子面已前行至A-A监测断面约1.5倍半径处，此时由于掌子面的空间效应随着纵向距离的增大逐渐消失，导致洞周围岩产生进一步的径向变形，使得隧道支护结构逐渐开始受力，支护结构所受接触压力（围岩压力）逐渐增大，支护结构随之亦发生一定的弹性变形。

（5）$t = t_4$时，隧道掌子面已前行至A-A监测断面较远处，此时掌子面空间效应已完全消失。限制围岩径向变形的约束力完全由隧道支护结构提供，量值等于$t = t_2$的约束力，支护结构产生进一步的弹性变形，围岩与隧道支护结构达到最终的平衡状态。

由上述分析可知，隧道掘进全过程主要有两大特点：①掌子面空间效应；②围岩与支护结构相互作用，协同变形。因此，若要合理地对隧道支护结构进行设计，就必须考虑充分考虑上述特点。

然而，要想从理论上综合考虑上述两个因素，获得定量解相当困难。因为隧道开挖掘进过程既涉及掌子面三维“空间效应”，又涉及围岩与隧道支护结构相互作用过程。但若将隧道纵向变形、围岩径向变形与支护结构变形依次分开考虑，再将三者进行联合统一分析，则上述问题可以得到较为准确的数学解析，这就是收敛约束法的基本原理。收敛约束法中首先将隧道纵向变形、围岩径向变形、支护结构变形分别采用纵断面变形曲线、围岩特征曲线、支护特征曲线进行描述；进而，基于图解法将三者进行统一分析，获得较为准确的结果。

采用收敛约束法中 3 条曲线表示隧道掘进开挖全过程，如图 4-5 所示。

纵断面变形曲线表示未支护时隧道洞周径向位移随隧道纵向距离（掌子面前后）的变化规律（图 4-5 左上方），其坐标轴横轴为$A$-$A$监测断面至掌子面纵向距离，坐标轴纵轴表示相应$A$-$A$监测断面处的洞周径向位移$u_r$。由纵断面变形曲线可知，当监测断面位于掌子面后方一定距离时，掌子面空间效应已经消失，此时洞周径向位移达到最大值（$u_{rmax}$）。相应的，当$A$-$A$监测断面位于掌子面前方一定距离时，掌子面的开挖扰动对其影响亦可忽略不计，因此此时洞周径向位移为零。

围岩特征曲线表示隧道洞周径向位移$u_r$与围岩径向压力$P_i$的相互关系，如图 4-5 右下方$OEM$曲线所示。图中$O$点表示围岩径向压力等于初始地应力$P_0$；$M$点表示洞周径向压力为零，即不施作支护结构，此时围岩径向位移为最大值（$u_{rmax}$）。$E$点表示为围岩弹性变形的临界点，当洞周径向压力低于该点量值（临界支护力$P_{ic}$）时，围岩将在洞周周边一定范围内产生塑性圈，洞周范围内围岩出现塑性变形。

支护特征曲线表示支护结构提供的径向压力$P_i$与径向位移$u_r$的相互关系，如图 4-5 右下方$KR$曲线所示。$K$点表示支护压力等于零，即隧道支护结构施作点；$R$点表示最大支护力$P_{max}$，当支护压力大于该点时，隧道支护结构将出现破坏。

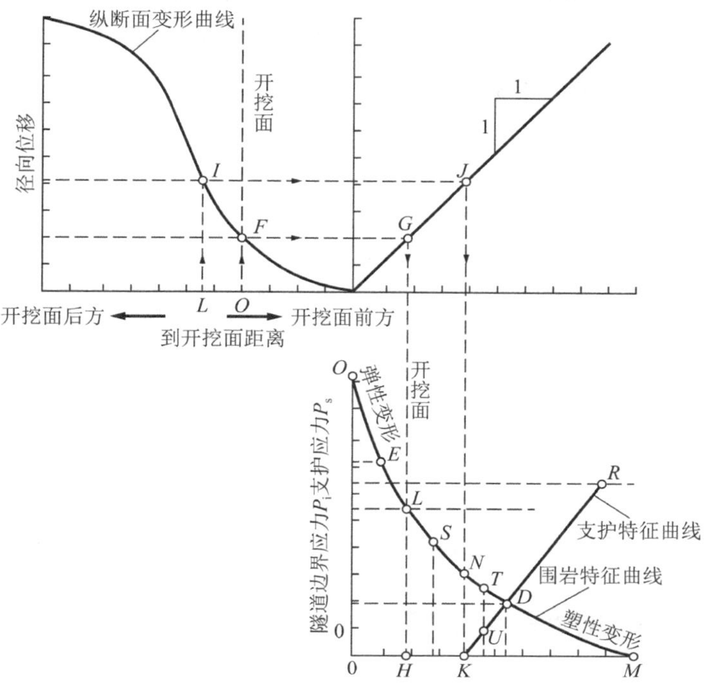


图 4-5　收敛约束法基本原理示意图

收敛约束法包含 3 个基本部分：

（1）隧道开挖的空间约束效应则通过纵断面变形曲线来表示。

（2）围岩的力学行为通过围岩特征曲线来表示。

（3）支护的力学行为通过支护特征曲线来表示。

基于收敛约束法的管片形变压力计算流程如图 4-6 所示。

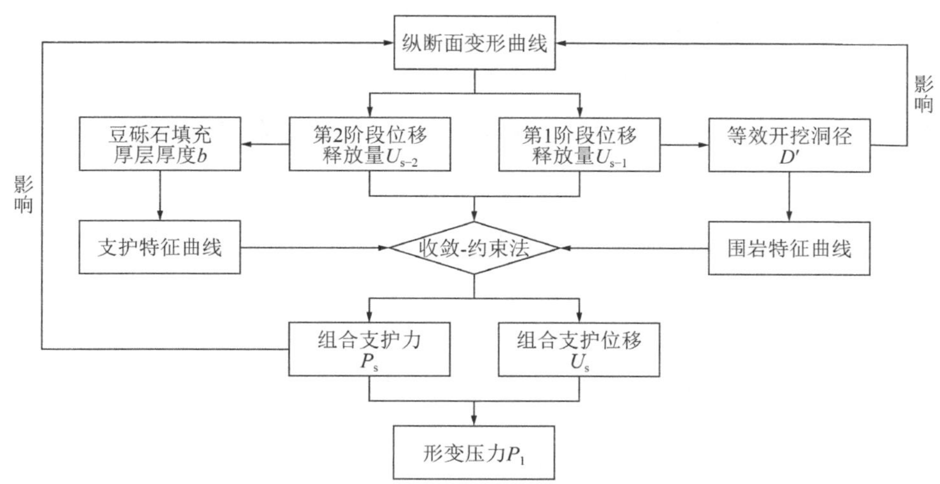


图 4-6　基于收敛约束法的管片形变压力计算流程图

由于组合支护力$P_s$，等效开挖洞径$D'$会反过来影响纵断面变形曲线，因此在求解过程中涉及迭代计算。下面分别介绍纵断面变形曲线、围岩特征曲线和支护特征曲线的求解方法。双护盾 TBM 形变压力的分布范围如图 4-7 所示。

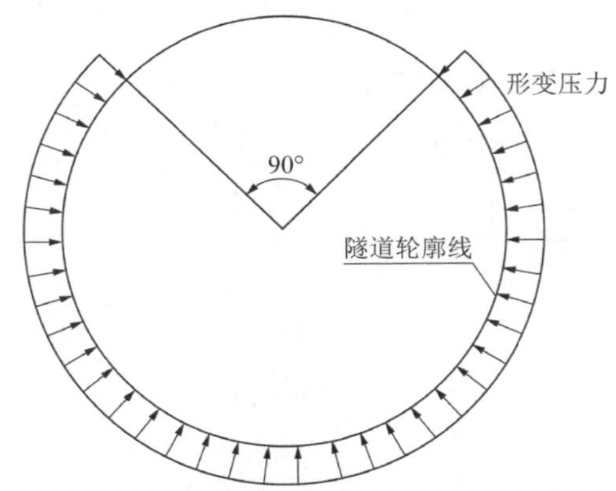


图 4-7 双护盾 TBM 挤压性围岩形变荷载分布范围

## 4.3.3 隧道纵断面变形曲线求解方法

围岩纵断面变形曲线是隧道收敛约束法的重要组成部分，纵断面变形曲线反映了隧道开挖面空间效应，即开挖面附近由隧道开挖引起的围岩收敛位移。由于空间复杂性，纵断面变形曲线形式通常由数值模拟确定。如：Panet、Unlu 等根据三维有限元弹性分析法得出了纵断面变形曲线拟合公式，Basarir 等采用三维有限差分法探究了理想弹塑性开挖面空间效应，Carranza-Torres 等在考虑围岩塑性变形情况下，根据实测数据得出了纵断面变形曲线公式。本节主要介绍两种纵断面变形曲线求解方法：一种是温森和徐卫亚考虑 TBM 掌子面和护盾影响，通过拟合得到的纵断面变形曲线；另一种是基于本书中对高低应挤压性地层力学特性影响研究成功拟合得到的纵断面变形曲线。

Carranza-Torres 等在考虑围岩塑性变形情况下，研究得到围岩在无支护条件下的最大径向位移公式，见式(4-4)。

$$u_{\mathrm{m}} = \frac{R'}{2K_1}(P_0 \sin\varphi + c\cos\varphi)\left[(1-\sin\varphi)\frac{c\cot\varphi + P_0}{c\cot\varphi}\right]^{\frac{1-\sin\varphi}{\sin\varphi}} \tag{4-4}$$

温森和徐卫亚基于 Hoek 和 Brown E. T 研究得到了考虑掌子面影响的计算公式基础上，考虑了护盾对围岩变形的影响，给出了隧道纵断面变形曲线表达式，见式(4-5)。

$$u(x) = u_{\mathrm{m}}\left\{\left[1 + \exp\left(\frac{-\frac{x}{0.5D}}{1.1}\right)\right]^{-1.7} - 1 + \left[1 + \exp\left(\frac{\frac{x-L-w}{0.5D}}{1.1}\right)\right]^{-1.12\left(\frac{P_{\mathrm{s}}}{P_0}\right)^{0.4}}\right\} \tag{4-5}$$

式中：$x$——距离开挖面的距离（m）；

$D$——隧道实际开挖洞径，即是双护盾 TBM 刀盘直径（m）；

$w$——支护发挥作用处距离盾尾的距离（m）；

$P_{\mathrm{s}}$——组合支护的支护力（kN）；

$P_0$——隧道开挖处的初始地应力（kPa）；

$L$——护盾长度（m）；

$u_{\mathrm{m}}$——无支护条件下隧道围岩的最大径向位移（mm），由式(4-4)计算。

式(4-6)考虑了 TBM 掌子面和护盾的影响，但是没有考虑时间的影响，为模拟隧道变形的时间效应，引入遗传蠕变模型模拟，表达式如下：

$$\varepsilon(t) = \frac{1}{E}\left[\sigma(t) + \int_0^{\tau} k(t-\tau)\sigma(\tau)\,\mathrm{d}\tau\right] \tag{4-6}$$

式中：$\sigma(t)$——时间$t$条件下的围岩应力；

$\varepsilon(t)$——时间$t$条件下的围岩应变；

$\tau$——时间常数$t$之前的某一时间值，满足关系：$0 < \eta < t$。

在某一应力值$\sigma_{\mathrm{co}}$条件下，得到如下表达式：

$$\varepsilon(t) = \frac{\sigma_{\mathrm{co}}}{E}\left[1 + \int_0^{t} k(t-\tau)\,\mathrm{d}\tau\right] \tag{4-7}$$

式中：$k(t-\tau)$——蠕变核模型，用幂函数形式的蠕变核模型，表达式如下：

$$k(t-\tau) = \delta(t-\tau)^{-\alpha} \tag{4-8}$$

将式(4-7)代入上述遗传蠕变模型中，得到下式：

$$\varepsilon(t) = \frac{\sigma_{\mathrm{co}}}{E}\left(1 + \frac{\delta}{1-\alpha}t^{1-\alpha}\right) = \frac{\sigma_{\mathrm{co}}}{E(t)} \tag{4-9}$$

由式(4-9)可以得到围岩的弹性模型随时间变化的关系：

$$E(t)=\frac{E}{1+\frac{\delta}{1-\alpha}t^{1-\alpha}} \tag{4-10}$$

由式(4-10)可知，随着时间的增加弹性模量降低。同理，岩石的剪切模量表达式为：

$$K(t)=\frac{K}{1+\frac{3}{2(1+\upsilon)}\frac{\delta}{1-\alpha}t^{1-\alpha}} \tag{4-11}$$

式中$\alpha$和$\delta$为常数，随岩体类型的不同而变化，取值宜根据现场实测数据获得，若无实测数据可参考《岩土材料流变及其工程应用》中的试验数据取值。

将式(4-11)带入式(4-4)中，即可得到无支护条件下隧道最大径向位移随时间变化的表达式：

$$u(x,t)=\left\{\left[1+\exp\left(\frac{-\frac{x}{0.5D}}{1.1}\right)\right]^{-1.7}-1+\left[1+\exp\left(\frac{\frac{x-L-w}{0.5D}}{1.1}\right)\right]^{-1.12\left(\frac{P_s}{P_0}\right)^{0.4}}\right\}\times \frac{R_s}{2K}(P_0\sin\varphi+c\cos\varphi)\left[(1-\sin\varphi)\frac{c\cot\varphi+P_0}{c\cot\varphi}\right]^{\frac{1-\sin\varphi}{\sin\varphi}}\times \left[1+\frac{3}{2(1+\upsilon_1)}\frac{\delta}{1-\alpha}t^{1-\alpha}\right] \tag{4-12}$$

## 4.3.4 围岩特征曲线求解方法

围岩特征曲线是描述平面状态下圆形隧道支护力与围岩横断面变形的关系。围岩对开挖的响应决定于地层赋存环境、岩体材料性质及其相应的力学响应规则等多种因素。工程实际和理论研究业已发现：由于岩体的复杂性，地下工程围岩在加载、卸载过程中可能表现出弹性、弹塑性及黏弹性等多种响应形态，在分析中可相应采用弹性、弹塑性及黏弹性等模型。但在工程开挖条件下，对于围岩的响应需要掌握的是其宏观力学行为，即围岩荷载与其变形的关系，也就是在地下工程中的所谓围岩特征函数（曲线）。目前对于围岩特征描述研究成果，大体上可以分成四类：基于弹性理论的线性关系函数（曲线）、基于弹性等效折减的 Ducan-Fama 函数（曲线）、基于 Mohr-Coulomb（M-C）线性失效准则的经典弹塑性函数（曲线）和基于 Hoek-Brown 经验非线性失效准则的相关函数（曲线）。各类特征函数曲线均源自相应前提与工程实践资料，其适用性也受到一定的制约。具体采用哪种围岩特征曲线需要根据具体的围岩情况确定。本书介绍一种在弹性理论的线性关系函数（曲线）的基础上考虑双护盾 TBM 等效开挖洞径和时间效应的围岩特征曲线计算方法。

由收敛约束法计算流程（图 4-6）可知，要计算双护盾 TBM 围岩特征曲线，首先由隧道纵断面变形曲线求得第一阶段围岩位移释放量，进而求得等效开挖洞径，在此基础上获得围岩特征曲线表达式。其中，围岩特征曲线是不考虑开挖面空间效应的曲线。

第一阶段围岩位移释放量，即是开挖面前方先行位移释放量。此时以开挖面位置处为坐标原点，即是$x = 0$；以开挖面前方围岩开始受到扰动的时刻为时间起点，开挖面处围岩已受到$t = t_1$时间的围岩流变变形。将$x = 0$，$t = t_1$带入式(4-12)，即可得到第一阶段围岩位移释放量表达式为：

$$U_{\text{s-1}} = u(0, t_1) \tag{4-13}$$

（1）等效开挖洞径的计算

第 1 阶段围岩位移释放量在刀盘到达时，已经全部释放完成。因此，刀盘掘削形成的实际开挖洞径$D$是经历了第 1 阶段围岩位移释放之后的洞径。在开挖面前方足够远处，开挖造成的应力扰动影响忽略不计，此时将实际开挖洞径$D$在此处对应的隧道开挖洞径$D'$称为隧道等效开挖洞径。开挖面前方足够远处未经开挖扰动的围岩等效开挖洞径$D'$表达式为：

$$D' = 2 \times U_{\text{s-1}} + D = 2 \times u(0, t_1) + D \tag{4-14}$$

因而，等效开挖半径的表达式为：

$$R' = \frac{D'}{2} = u(0, t_1) + \frac{D}{2} \tag{4-15}$$

（2）围岩特征曲线的计算

围岩特征曲线按有支护条件下的隧道周边位移计算公式计算：

$$u = \frac{R'}{2K}(P_0 \sin\varphi + c\cos\varphi)\left[(1-\sin\varphi)\frac{c\cdot\cot\varphi + P_0}{c\cdot\cot\varphi + P_s}\right]^{\frac{1-\sin\varphi}{\sin\varphi}} \tag{4-16}$$

对于挤压性地层存在着流变效应。在开挖面空间效应情况下，围岩的时间效应相对围岩的空间效应较弱；但在开挖面空间效应影响范围外（约 2$D$时，$D$为隧道直径），围岩流变产生的时间效应持续存在。

因此，开挖面不断向前推进的过程中，围岩的弹塑性变形逐渐趋于稳定，随时间产生的黏性变形则将持续存在。基于此，围岩特征曲线也是关于时间的曲线。将上述时间蠕变函数式(4-15)带入式(4-16)，即可得到随时间变化的围岩特征曲线表达式(4-17)。

$$u(t) = \frac{R'}{2K(P_0\sin\varphi + c\cos\varphi)} \times \left[(1-\sin\varphi)\frac{c\cot\varphi + P_0}{c\cot\varphi + P_s}\right]^{\frac{1-\sin\varphi}{\sin\varphi}} \times \left[1 + \frac{3}{2(1+\upsilon)}\frac{\delta}{1-\alpha}t^{1-\alpha}\right] \tag{4-17}$$

### 4.3.5 支护特征曲线求解方法

隧道支护特征曲线主要表征隧道支护结构所提供的支护反力与其径向位移的关系曲线。通过支护特征曲线可获得支护材料特点，如极限荷载、极限约束反力、结构刚度、弹塑性状态等。

目前，对于传统隧道支护结构（如锚杆、钢拱架、喷射混凝土等）通常假定其材料符合理想弹塑性特性。在弹性阶段，支护结构力学特性具有线性特点（图 4-8 中$OA$段），则特征方程可表示为

$$p = ku \tag{4-18}$$

式中：$P$、$k$、$u$——支护结构支护反力、结构刚度与径向位移。

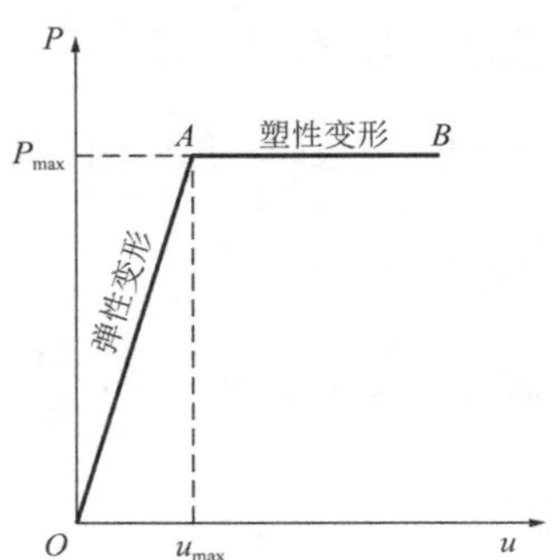


图 4-8　支护特征曲线

对于双护盾 TBM 隧道，其支护结构为“预制混凝土管片 + 豆砾石浆液填充层组合”支护形式，其支护特征函数中的$k$采用第 3 章中的豆砾石—管片组合支护刚度$k_s$。

## 4.4　挤压性地层双护盾 TBM 管片结构设计方法

对于挤压性地层条件下双护盾 TBM 管片结构的设计来说，形变压力的存在、隧道顶部围岩松散塌落、隧道顶部地层抗力损失等特点，可能会造成管片截面和管片接头的受力破坏模式不同于一般地层条件下管片截面和管片接头的受力破坏模式。

双护盾 TBM 管片与隧道洞壁之间的空隙通常采用豆砾石回填并灌浆，因此管片外侧的“地层”应包含隧道围岩与豆砾石灌浆层两部分；同时，挤压性地层的存在使豆砾石灌浆层的厚度减小且不固定。

管片荷载主要受到四周均匀挤压的形变压力的作用；但在隧道顶部一定范围内，由于豆砾石回填不及时或空洞等造成的拱顶围岩支撑不足、拱顶围岩重力作用和 TBM 开挖扰动等原因，隧道顶部围岩可能会发生一定的松散塌落。因此，需考虑一定的围岩松散压力；同时，考虑到隧道顶部地层填充空洞或不密实而造成的地层抗力损失和形变压力传递性能降低，在隧道顶部 90°范围内取消地层弹簧且不施加围岩形变压力。挤压性地层双护盾 TBM 管片结构计算模型简图如图 4-9 所示。

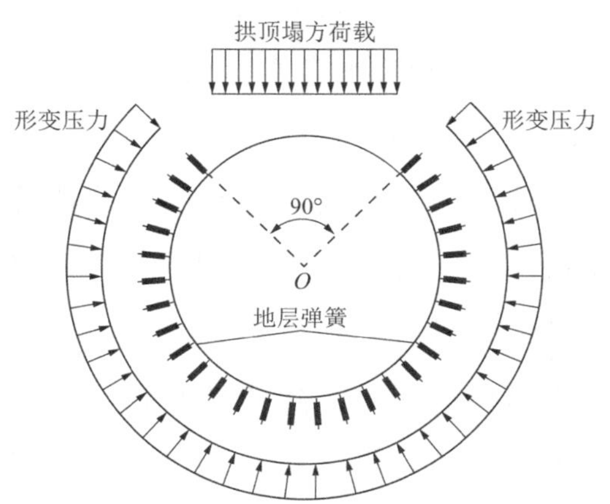


图 4-9　挤压性地层双护盾 TBM 管片计算模型简图

挤压性围岩中，双护盾结构设计流程如图 4-10 所示。和常规围岩中考虑豆砾石影响的结构设计流程的区别主要体现在结构受力计算和结构计算模型两个方面，结构受到的形变压力采用基于收敛约束法的管片形变压力，而计算模型采用挤压性地层双护盾 TBM 管片计算模型。

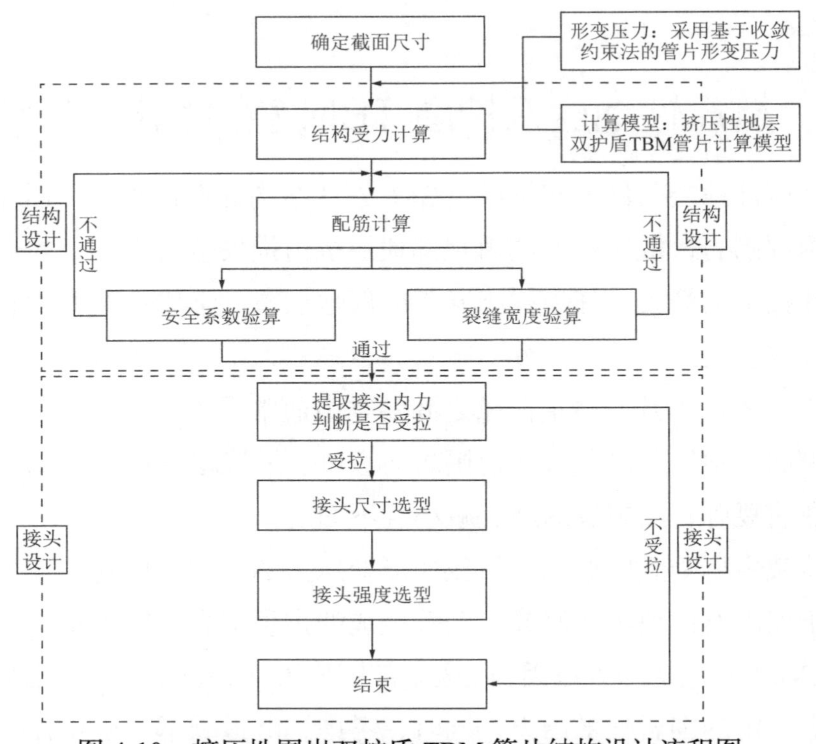


图 4-10　挤压性围岩双护盾 TBM 管片结构设计流程图

（1）管片接头模拟

双护盾 TBM 施工隧道的预制管片块由一环内的环向接头和环与环之间的环间接头连接而成。目前，国内外广泛采用的隧道管片衬砌受力分析的力学模型主要有均质圆环法、等效均质圆环法（修正惯用法）、弹性铰接圆环模型和梁-弹簧模型。接头处的刚度既不同于管片截面的刚度，不同于完全铰接的情况。均质圆环法未考虑接头刚度影响，接圆环模型将接头刚度考虑为 0，与接头实际情况差异较大；修正惯用法虽然考虑接头刚度对整体刚度的影响，折减系数的确定较为困难；铰接圆环模型、普通梁-弹簧、梁-梁模型均可按接头实际刚度考虑，直接输出接头内力值较为困难以用于管片接头的结构设计。可根据计算分析对象，选择相应的模型进行计算分析。当需要分析管片之间接头结构受力时，梁-梁模型能较好地适应管片接头设计的要求。

（2）地层弹簧的模拟

在隧道结构的受力分析中，由于岩土具有抗压能力强、抗拉能力弱的特点，地层弹簧只应受压，不应受拉。为避免手工删除弹簧的烦琐，基于 ANSYS 软件采用 combine39 单元来模拟地层弹簧。combine39 单元的非线性特征设置示意如图 4-11 所示。

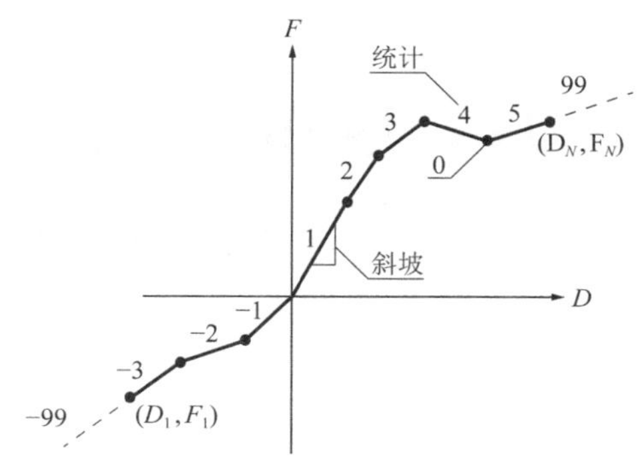


图 4-11　combine39 非线性特征设置示意图

在图 4-11 中，纵坐标表示力、横坐标表示位移、斜率表示弹簧的弹簧刚度。combine39 单元可根据需要设置多段弹簧刚度。因此在受拉区（右上象限），1 点位移设为 1，1 点力设置为 0，其弹簧刚度为 0，以反弹簧受拉刚度为 0；在受压区（左下象限），−1 点位移设为−1，−1 点力设为：−1 × 弹簧受压刚度，以反映弹簧的受压刚度特征。

切向地层弹簧同样采用 combine39 单元，刚度取值按经验值取为法向弹簧刚度的 1/3。

管片结构的模拟采用梁单元进行模拟。此时，单元需输入的材料、几何参数与管片结构的实际情况一致。

# 第5章 高地应力岩爆围岩双护盾 TBM 隧道管片结构设计方法

## 5.1 岩爆分级及对双护盾 TBM 的影响

### 5.1.1 岩爆的定义与影响因素

对于岩爆的定义，有不同的描述，针对岩爆宏观特征和力学成因的分析，本书认为岩爆是高地应力条件下伴随隧道开挖过程，硬脆性围岩发生应力重分布和集中现象，导致围岩弹性应变能积聚后突然释放，造成洞室表层围岩块体动力失稳并伴随轰鸣声响的地质灾害。

岩爆的影响因素主要有地应力、围岩情况、地质构造情况和施工影响四个大的方面。其中地应力包括了隧道埋深、初始地应力两个方面。

（1）地应力

通常情况下，随着埋深的逐步增大，隧道围岩区域的初始地应力也逐步增大，相应的岩爆发生可能性也逐步增大，有关学者对隧道的岩爆发生情况进行了统计分析，在隧道埋深大于 300m 时，岩爆较易发生。而初始地应力包含了围岩的构造应力，当初始地应力较大时，即使隧道埋深较小也可能发生岩爆。

（2）围岩情况

围岩情况的影响又可以细分为围岩岩性和岩体构造两个层面的影响。围岩岩性方面，岩爆的发生概率和围岩坚硬程度具有较为明显的关系，如图 5-1 所示。

围岩岩体为岩浆岩的岩爆隧道占到了总样本的 46%，主要种类为花岗岩、玄武岩、闪长岩、流纹岩和凝灰岩；沉积岩占 24%，主要为灰岩、板岩和页岩；变质岩占 30%，主要为白云岩、石英岩、片麻岩、糜棱岩和大理岩；说明岩爆在岩浆岩、沉积岩和变质岩中均有发生，但多发生于结构完整度高、强度较大的花岗岩中；对岩爆与围岩单只抗压强度的关系进行分析发现，围岩岩体为单轴抗压强度大于 70MPa 的坚硬岩样本占总样本的 87%，围岩岩体为脆性指数大于 5 的样本占总样本的 86%，可以判定岩爆多发生于隧址区围岩为硬脆性岩体的隧道。

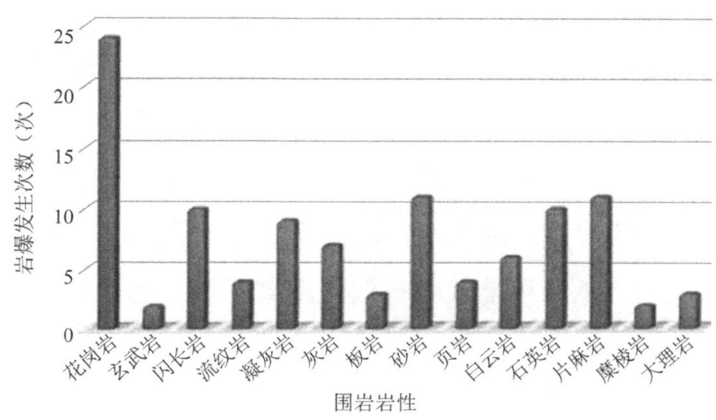

图 5-1 岩爆在不同围岩中发生分布情况

（3）地质构造情况

隧址区的地质情况会影响岩爆的发生，比如特殊地质构造和地下水发育情况将改变隧址区的初始地应力量级、区域应力集中情况和围岩本身的物理力学性质，从而影响岩爆的发生和烈度的大小。

特殊地质构造如褶皱和断层，会对隧址区的地应力场产生影响，并且会影响部分区域岩体结构。

隧址区地下水的发育情况将主要影响隧道围岩岩石的物理力学性质，水及某些含阳离子的溶液具有降低岩石颗粒间表面能的能力，引起岩石软化。并且，地下水的渗流将，在一定程度上改变围岩的应力状态。从以往的实际经验来分析，发生岩爆的隧道围岩通常是裂隙发育程度较低、周边地下水发育程度不高的干燥岩体；而裂隙相对发育的岩体，由于地下水的渗流浸润可减少岩爆的发生。

（4）施工影响

隧址区地应力情况、围岩情况、地质情况是岩爆发生的内在条件，而施工开挖则是隧道内发生岩爆现象的直接诱因。开挖卸荷作用直接导致围岩应力状态发生改变，并为岩块弹射、抛掷创造了空间。而持续的爆破扰动，则进一步使濒临临界状态的岩体发生局部动力破坏。隧道施工对岩爆的影响主要包含隧道形式影响和施工扰动两方面。

隧道开挖后围岩的应力状态发生改变，出现局部应力集中现象。应力集中的位置及程度与初始地应力和隧道洞室形状有关：圆形洞室洞周的应力集中程度相对较低；非圆形洞室的在洞周轮廓的拐点位置存在不同程度的应力集中现象。

隧道开挖过程中的爆破，也是岩爆发生的诱因。开挖爆破会产生能量巨大的弹性波，从爆破位置向四周围岩迅速传播，使得爆破位置附近处于临界状态的岩体。这是因为扰动作用使其发生突然失稳破坏，从而诱发岩爆。在双洞开挖的隧道内，由于左右洞掌子面掘进进度不一样，后行洞掌子面处的开挖爆破将对先行洞洞身造成二次扰动，从而可能使先行洞距离掌子面较远的位置发生岩爆。

### 5.1.2 岩石破坏过程能量变化分析

岩石是各种地下工程的介质，对于岩土工程来说，岩石产生的裂纹以剪切型裂纹居多，破坏方式也是以剪切破坏为主。这是由于岩土工程特殊的应力赋值条件和工程地质条件等因素造成的：一是围岩压力的存在，使得岩石产生张性裂纹的可能性降低；二是围岩本身固有的节理、断层（可以看作初始裂纹）也会对剪切破裂起一定的引导作用。相比更多以金属材料为研究对象的一般断裂力学所关注的张性裂纹不同，剪切裂纹开裂后，其裂纹表面仍有应力存在。这部分应力形成了摩擦阻力。剪切裂纹扩展过程中的摩擦功，将会消耗掉一部分原本用来驱动裂纹扩展的能量，并以热能的形式释放。岩石的剪切型裂纹在裂纹扩展的过程中会伴随有较大能量的释放，比张性裂纹往往要多两个数量级。

释放的能量包括声波能、辐射能、动能、热能等，其中动能占相当比例。当动能达到一定程度时，大量碎石块带着速度弹出，这突然释放的能量，在岩土隧道中往往造成岩爆。岩爆是地下工程开挖过程中，脆性围岩体内储存的弹性应变能突发性地急剧释放，而产生的爆裂、剥落、弹射的现象。这是一种地质灾害，严重影响施工安全和工程进度。

能量是物体变化的本质属性。从能量的角度分析问题，研究岩石工程在破坏过程中的能量变化，比研究岩石破坏过程中应力、应变的变化更具有可靠度。

岩石在变形直至破坏过程中，会伴随能量的耗散和释放。所谓耗散，是外界对岩石系统输入的能量被岩石本身的非线性变化机制耗散掉。通常有以下两种结果。

（1）岩石内部微裂纹开裂，从而形成新的表面以及相应的表面能$U_\theta$。宏观上造成岩石力学参数的弱化，从即是损伤张量$D$的增加，因而造成损伤能$U_d$的增加，可以认为$U_\theta = U_d$。

（2）岩石内部微裂纹尖端区域的塑性变形。裂纹尖端区域有很大的应力集中，进入塑性状态。裂纹带区域弹性能转化为塑性能$U_s$。

岩石变形过程中存储的弹性变形能的增加使得岩石破坏的驱动源增加，而岩石内部非线性特性造成的能量的耗散使得岩石破坏的阈值降低。二者一个使得破坏力增强，一个使抵御破坏的能力降低。总体上岩石破坏的趋势非线性增加。

关系式：

$$U_e = G_c \tag{5-1}$$

式中：$U_e$——弹性变形能；

$G_c$——形成宏观贯通裂纹需要的表面能。

当上述关系式成立时，储存的弹性变形能释放，岩石破坏。能量释放是外界输入岩石系统的能量被岩石系统以弹性变形能方式积累。而当存储到一定程度后突然向外界以剧烈的方式输出。释放的能量包含声波能、辐射能、动能、摩擦热能等多种，如图 5-2 所示。

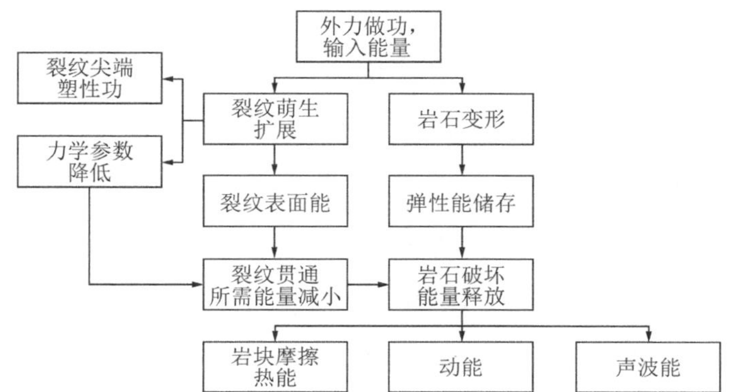


图 5-2　岩石变形破坏过程各种能量之间转化传递关系

### 5.1.3 岩爆发生机理与分类

从不同角度出发，岩爆隧道有很多种不同的分类方法。从对支护结构选择的影响来说，考虑岩爆发生的时间特征，将岩爆隧道分为即时型岩爆和滞后型岩爆。针对岩爆隧道中出现围岩大面积垮塌的现象，应将其考虑为塌方，在支护结构设计时应注意两者之间的区别。

1）即时型岩爆

即时型岩爆是指开挖卸荷效应影响过程中发生的岩爆。深埋隧洞发生岩爆的位置主要有：施工过程中的隧洞掌子面，距离掌子面 0～30m 范围内的隧洞拱顶、拱肩、拱脚、侧墙、底板，以及隧洞相向掘进的中间岩柱等处。其多在开挖后几个小时或 1～3d 内发生。统计二郎山隧道岩爆次数与掌子面距离的关系，其结果如图 5-3 所示。

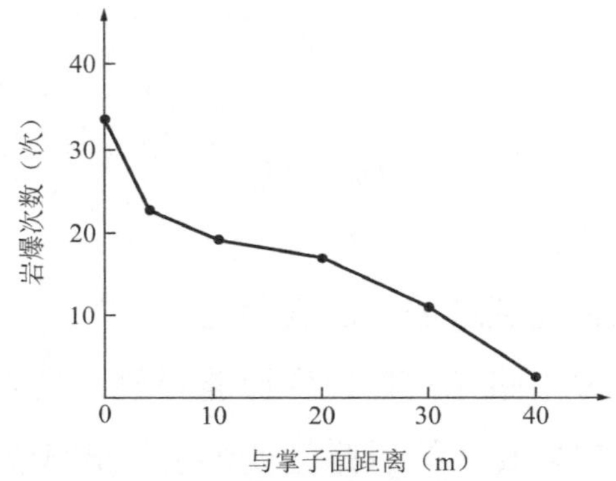


图 5-3 岩爆次数与掌子面距离的关系

据锦屏二级水电站辅助洞施工单位岩爆现场实录资料，对东端 AK15 + 071～AK17 + 190 的 53 个典型岩爆点统计，得出岩爆次数与掌子面距离的关系，如图 5-4 所示。岩爆次数与开挖时间的关系如图 5-5 所示。岩爆多发生在距掌子面 6～12m 的范围内，掌子面开挖后的前 40h 是岩爆发生的高峰期。

冯夏庭等将即时型的岩爆分为应变型和应变—结构面滑移型两类。应变型岩爆主要发生在完整、坚硬、无结构面的岩体中，爆坑岩面非常新鲜，爆坑形状有“浅窝形”、长条“深窝形”和“V 字形”等，如图 5-6 所示。

应变—结构面滑移型岩爆多发生在坚硬、含有零星结构面或层理面的岩体中，闭合的硬性结构面控制了岩爆爆坑的底部边界或侧部边界，如图5-7所示。

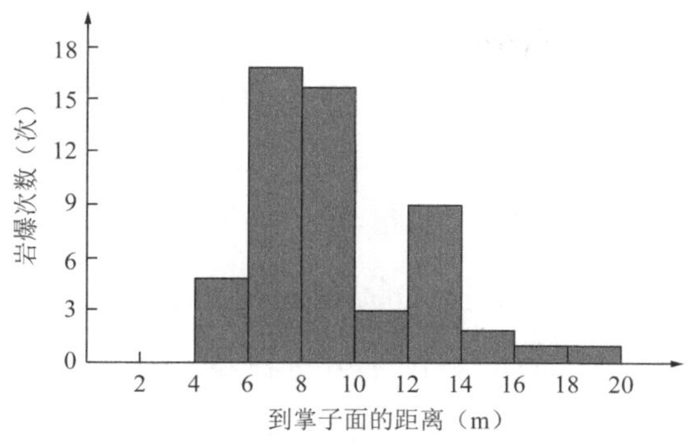


图5-4 岩爆次数与掌子面距离的关系

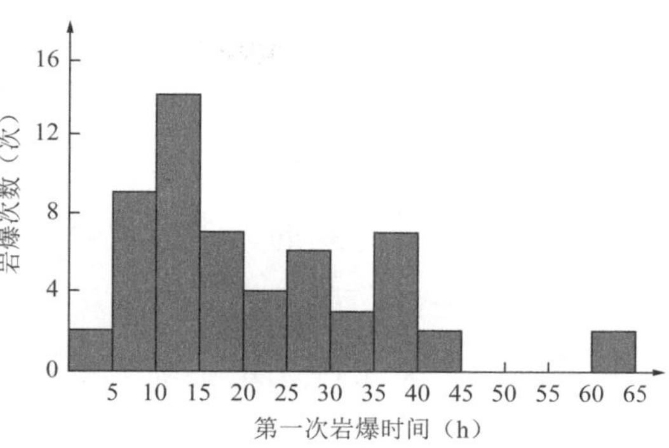


图5-5 岩爆次数与开挖时间的关系

a) 拱顶爆坑岩面新鲜

b) 边墙处的V字形爆坑

图5-6 典型的应变型岩爆现场照片

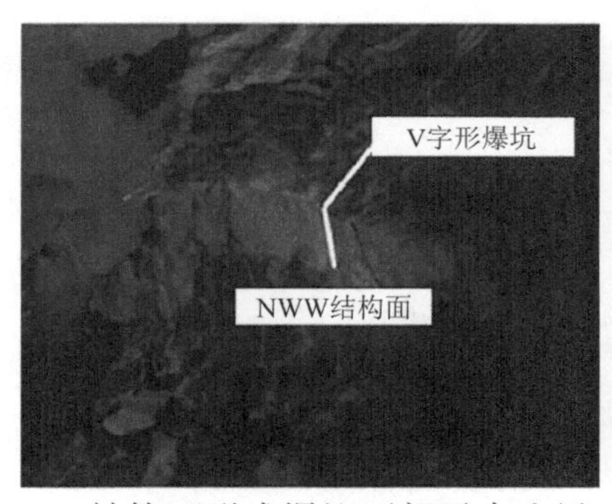


a) 结构面形成爆坑下部平直边界

b) 结构面形成爆坑右侧边界

图5-7 典型的应变—结构面滑移型岩爆现场照片

即时型应变—结构面滑移岩爆多发生在坚硬、含有零星结构面或层理面的岩体中，闭合的硬性结构面控制了岩爆爆坑的底部边界或侧部边界，控制岩爆爆坑侧部边界的结构面处有陡坎，也有结构面在爆坑中间部位穿过。与即时性应变型岩爆相比，一般情况下，即时型应变—结构面滑移岩爆烈度或等级要高一些，形成的爆坑及造成的危害要大一些。

2）滞后型岩爆

滞后型岩爆是指开挖卸荷后应力调整平衡后，外界扰动作用下发生的岩爆。滞后型岩爆发生频次相对较少，一般在开挖后数天、1 月、数月后发生，发生位置距离工作面可以达到几百米。

工程实际所遇到的大多数岩爆都存在滞后特征，即很多岩爆不是随开挖立即发生，而是会滞后开挖一段时间和一段距离才发生。滞后型岩爆通常具有较强的随机性、突发性，发生前无明显征兆，且滞后发生时间与岩爆烈度之间无明显规律。岩体发生滞后型破坏时，其应力应变曲线如图 5-8 所示。

这种情况下的滞后型现象，其岩体必须处于较高应力水平，否则将不会发生破坏。因此这种类型的滞后型岩爆通常发生在中等或者强烈岩爆段，该区域岩体在岩爆发生过后其应力仍处于较高水平，随着时间推移才可能进一步发生滞后型岩爆。

对锦屏II级水电站引水隧洞和排水洞约 8.2km 的深埋洞段（埋深 1900～2500m）发生的滞后型岩爆（6d 后发生的岩爆）进行统计，统计结果如图 5-9 所示。在发生的 38 次滞后型岩爆中：发生在开挖后 6～30d 的占比近 80%；发生在距掌子面 80m 范围内的占比超 90%；最长滞后时间约 163d；最远滞后距离约 384m。

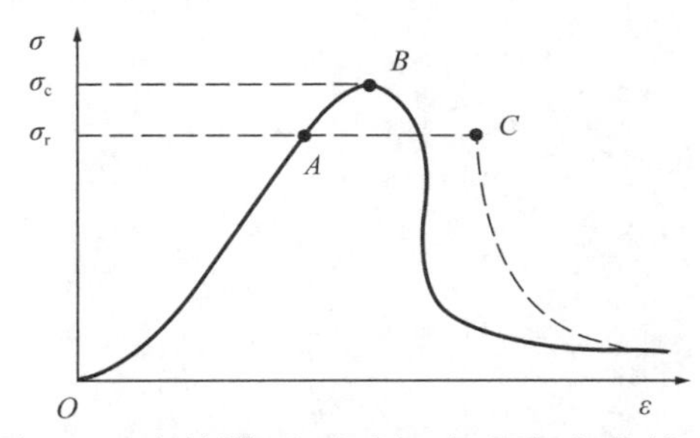


图 5-8 岩体滞后型破坏应力应变曲线

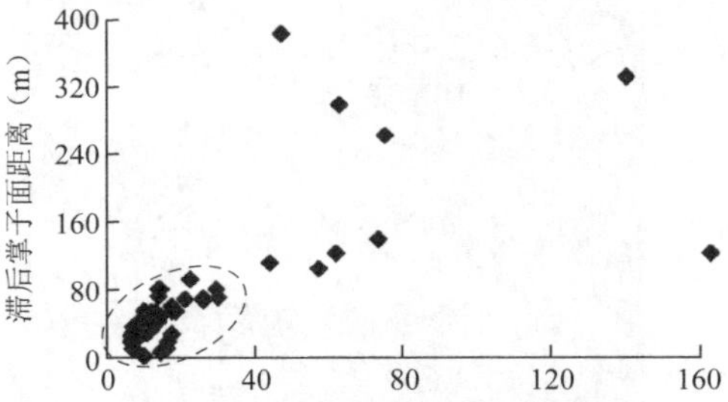

图 5-9 滞后型岩爆时空滞后特征

对于滞后型岩爆现象与普通岩爆现象之间，针对时间或者空间的定量划分，目前尚没有定论。加拿大 Mine-by 试验洞现场监测数据表明，高应力隧洞掌子面开挖卸荷后，无支护条件下，微振（应力）调整活动在洞轴线方向主要集中在掌子面后大约 2 倍洞径和掌子面前 0.4 倍洞径范围内。陈炳瑞、冯夏庭等根据该试验成果认为，距离掌子面后约 30m 外范围发生的岩爆为空间滞后型岩爆。

隧道同一洞段可能发生多次岩爆，如图 5-10 所示。开始时级别较低，然后可能发育为极强岩爆。

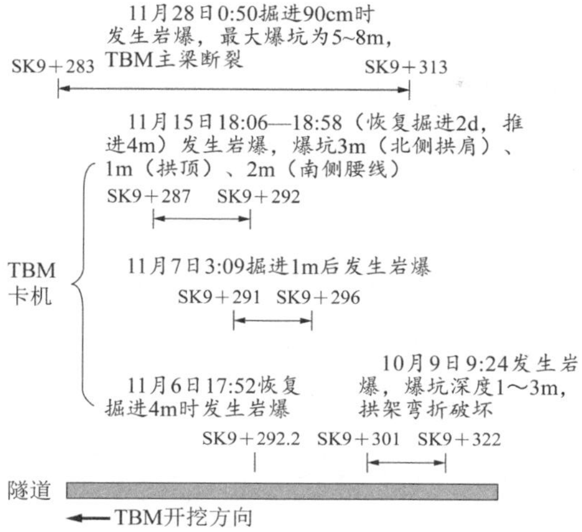


图 5-10　某深埋隧洞在某一洞段内开挖过程中连续发生多次岩爆

由此可知，在滞后型岩爆中仍有可能发生极强岩爆，造成的破坏性极大，有必要开展针对滞后型岩爆的支护结构设计方法研究。

3）岩爆与塌方

塌方可能出现在各种围岩条件下，其本身与发生岩爆时围岩的硬脆性特征没有必然关系。岩爆隧道发生塌方一般可分为下列三种情况。

（1）块体垮落或滑落

结构面与隧洞开挖临空面不利组合形成的不稳定块体容易坍塌。这种破坏主要取决于结构面与开挖临空面的几何组合关系和结构面自身的抗剪强度。破坏的主要原因是关键块体的自身重力超过结构面的抗剪强度，而与隧洞开挖引起的二次应力场关系不大。隧洞顶拱范围内的不稳定块体表现为垮落；而边墙范围内的不稳定块体表现为滑落，结构面的抗剪强度在块体滑落过程中得到发挥。块体垮落或滑落主要发生在整体块状结构与镶嵌结构岩体中。浅埋隧洞中，这种破坏最为常见，破坏后围岩处于平衡状态。而深埋隧洞中，此类破坏现象相对较少出现，但破坏一旦出现，应力再局部重新调整，可能导致其他的破坏模式，如片状剥落。钻爆法施工比 TBM 施工更容易导致围岩中结构块体的松动，块体原有的静力平衡状态更易破坏。隧洞断面尺寸越大，揭露出来的结构面越多，也越容易出现块体垮落或滑落破坏模式。

（2）沿块体开裂面—结构面滑移

隧洞开挖后，围岩中应力重分布，若围岩的剪应力超过岩体的剪切强度，围岩就会沿剪切滑移面发生剪切错动，并绕洞体形成一定的碎裂松动带。

碎裂块体可能在松动带内出现转动。松动带自身稳定性极差，可在自重作用或施工扰动作用下形成顶拱和边墙的塌方，特别是有地下水活动时。

在浅埋条件下，隧洞开挖后，碎裂岩块可能在剪切滑移前因自重作用而掉落；随着地应力增加，围岩中出现剪切滑移面，剪切滑移面一般沿原有节理面；而在深埋条件下，原有结构面在高应力作用下压密，仍具有较高的抗剪强度，围岩中应力重分布可能导致剪切滑移面穿过完整块体。

沿块体开裂面—结构面滑移主要发生在碎裂结构岩体中，是典型的剪切滑移失稳。

钻爆法施工容易导致围岩中碎裂块体的松动，围岩顶拱容易出现掉块，沿结构面的剪切滑移；而 TBM 施工对围岩扰动较小，表层围岩中的结构面在二次应力分布作用下压密，岩体强度更高，更利于围岩稳定。

隧洞断面尺寸越大，揭露出来的结构面越多，也越容易出现这种破坏模式，破坏程度也随之加剧。

（3）软弱夹层挤出

隧洞开挖后，若软弱夹层岩体的剪应力超过其剪切强度，软弱岩体就会沿最大应力梯度方向向消除了阻力的自由空间挤出，形成塌方。在低地应力条件下，软弱岩体挤出后，坚硬岩层中的应力重新分布，围岩仍处于稳定状态；但在高地应力作用下，坚硬岩层可能继续发生张拉或剪切破坏，破坏程度加剧。

此类破坏主要发生在带软弱夹层的岩体中，破坏以剪切滑移为主。破坏与软弱开挖揭露出的软弱夹层体的产状相关，围岩在顶拱和边墙都可能发生破坏。

钻爆法施工容易在此洞段形成超挖，主要起承载作用的硬岩被破坏，围岩破坏程度因此加剧。但在 TBM 施工中，掌子面和围岩的挤压变形会对刀盘和护盾构成一定的阻力，影响掘进效率。

显然，隧洞断面尺寸越大，可能揭露出来的软弱夹层越多，也越易出现较大面积的破坏。

### 5.1.4 岩爆的分级

目前国内外关于岩爆的烈度分级标准不一，主要可分为定性划分和定量划分两种。其中定性划分主要是通过声响、围岩岩爆破裂特征、爆块运动特征等对岩爆等级进行划分。定量划分主要有 Russense 判据、巴顿判据、陶振宇判据等。目前，我国公路隧道设计规范中，均是采用洞壁最大切向应力（$\sigma_{\theta\max}$）和岩石单轴抗压强度（$R_b$）之间的比值，将岩爆分为轻微岩爆、中等岩爆、强烈岩爆和剧烈岩爆四个等级，见表 5-1。

**我国公路隧道设计规范中关于岩爆的分级**　　表 5-1

| 岩爆分级 | 名称 | 判据 |
|---|---|---|
| I | 轻微岩爆 | $0.3 \leqslant \sigma_{\theta\max}/R_b < 0.5$ |
| II | 中等岩爆 | $0.5 \leqslant \sigma_{\theta\max}/R_b < 0.7$ |
| III | 强烈岩爆 | $0.7 \leqslant \sigma_{\theta\max}/R_b < 0.9$ |
| IV | 剧烈岩爆 | $0.9 \leqslant \sigma_{\theta\max}/R_b$ |

注：$\sigma_{\theta\max}$为洞壁最大切向应力；$R_b$为岩石单轴抗压强度。

### 5.1.5　岩爆对双护盾 TBM 的影响

岩爆多发生在高地应力硬脆性岩体中，而双护盾 TBM 通常适用于长大深埋硬质围岩隧道的施工。因此，双护盾 TBM 掘进过程中通常伴有不同程度和等级的岩爆现象发生。岩爆对双护盾 TBM 的影响也可分为设计和施工两个方面。设计方面，目前还没有适用于岩爆围岩的荷载计算方法和管片结构模型；施工方面，在岩爆环境下，双护盾 TBM 的卡机预防和脱困是目前双护盾 TBM 设计施工面临的主要难题之一。

## 5.2　岩爆冲击荷载计算方法

### 5.2.1　隧道周边围岩应力状态

研究岩爆的孕育过程，首先应该确定隧道围岩的应力重分布情况。隧道围岩的二次应力状态可以通过理论计算或者数值模拟确定。现以围岩为各向同性岩体的圆形隧道为例，通过理论计算确定隧道开挖后洞室洞壁围岩的应力状态，其余洞型的隧道可采用数值模拟确定。

对于圆形隧道，隧道洞室周边围岩开挖后的围岩应力状态如图 5-11 所示，岩洞周围应力分量可以根据式(5-2)计算。

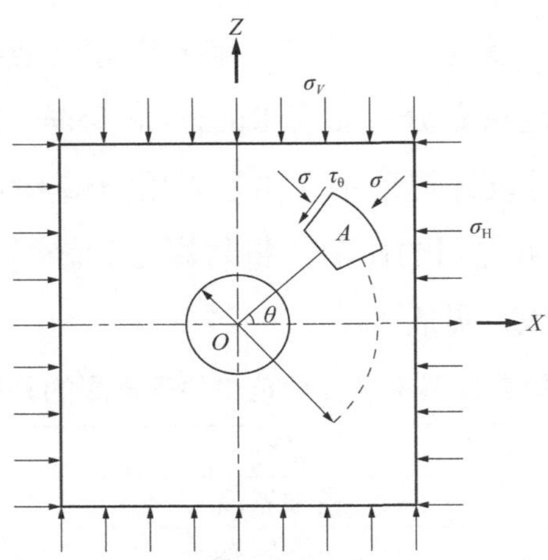


图 5-11　圆形洞室开挖后围岩应力状态

$$\begin{cases}\sigma_{\mathrm{r}}=\sigma_{\mathrm{v}}\left[\dfrac{1+\lambda}{2}\left(1-\dfrac{r_0^2}{r^2}\right)-\dfrac{1-\lambda}{2}\left(1+\dfrac{3r_0^4}{r^2}-\dfrac{4r_0^2}{r^2}\right)\cos 2\theta\right]\\ \sigma_{\theta}=\sigma_{\mathrm{v}}\left[\dfrac{1+\lambda}{2}\left(1+\dfrac{r_0^2}{r^2}\right)+\dfrac{1-\lambda}{2}\left(1+\dfrac{3r_0^4}{r^4}\right)\cos 2\theta\right]\\ \tau_{\mathrm{r}\theta}=\sigma_{\mathrm{v}}\dfrac{1-\lambda}{2}\left(1-\dfrac{3r_0^4}{r^2}+\dfrac{2r_0^2}{r^2}\right)\sin 2\theta\end{cases} \tag{5-2}$$

式中：$\sigma_{\mathrm{r}}$、$\sigma_{\theta}$、$\tau_{\mathrm{r}\theta}$——围岩应力分量（MPa）；

$\sigma_{\mathrm{v}}$——垂直向初始地应力（MPa）；

$\lambda$——水平向初始地应力与垂直向初始地应力之比，即侧压力系数；

$r$、$r_0$——计算点极径和隧道半径（m）；

$\theta$——极角（°）。

通过计算出的径向应力$\sigma_{\mathrm{r}}$、切向应力$\sigma_{\theta}$和剪应力$\tau_{\mathrm{r}\theta}$，可以按公式(5-3)计算出洞室周边任一位置围岩的主应力$\sigma_1$、$\sigma_2$、$\sigma_3$。

$$\begin{cases}\sigma_1=\dfrac{\sigma_{\theta}+\sigma_{\mathrm{r}}}{2}+\dfrac{\sqrt{(\sigma_{\theta}-\sigma_{\mathrm{r}})^2+4\tau_{\mathrm{r}\theta}}}{2}\\ \sigma_3=\dfrac{\sigma_{\theta}+\sigma_{\mathrm{r}}}{2}-\dfrac{\sqrt{(\sigma_{\theta}-\sigma_{\mathrm{r}})^2+4\tau_{\mathrm{r}\theta}}}{2}\\ \sigma_2=\mu(\sigma_1+\sigma_3)\end{cases} \tag{5-3}$$

式中：$\mu$——围岩泊松比。

由于岩爆是从隧道洞壁发生的，此时$r=r_0$，则圆形隧道开挖后洞壁围岩应力状态可根据式(5-4)计算。

$$\begin{cases}\sigma_1=\sigma_\theta=\sigma_v[1+\lambda+2(1-\lambda)\cos 2\theta]\\ \sigma_2=\mu\sigma_1=\mu\sigma_\theta=\mu\sigma_v[1+\lambda+2(1-\lambda)\cos 2\theta]\\ \sigma_3=\sigma_r=0\\ \tau_{r\theta}=0\end{cases} \tag{5-4}$$

该过程可描述为地下洞室在开挖卸荷过程中，隧道洞壁处围岩径向应力约束被卸除，应力发生重分布，洞室周边径向应力减小，环向应力增大，调整过后洞壁围岩的第一主应力方向沿洞壁切向，即洞壁围岩第一主应力等于洞壁切向应力。

当隧道洞壁的某位置的切向应力量值过大导致调整后的洞壁围岩应力状态达到或接近岩体极限状态时，由于扰动使得岩体发生破坏。如果围岩为脆性岩体，在卸荷作用下，岩体的承载力迅速下降，岩体内部的各种因素相互作用将使得岩体发生溃决式的卸荷破坏，导致岩爆发生。

### 5.2.2 围岩弹性应变能分析

由材料力学和弹性力学知识可知，围岩处于三向应力状态下，其应变能可按照式(5-5)计算。

$$\begin{cases}U=\dfrac{1}{2E}\left[(1+\mu)\sigma_{ij}\sigma_{ji}-\mu\Theta^2\right]\\ \Theta=\sigma_{11}+\sigma_{22}+\sigma_{33}\end{cases} \tag{5-5}$$

式中：$E$、$\mu$——岩石的弹性模量和泊松比。

式(5-5)是以应力张量表示的单位体积围岩弹性应变能的计算公式。

在开挖状态下，设定三个坐标轴$X_1$、$X_2$、$X_3$分别与开挖轮廓面切线方向、隧道轴向和轮廓面法线方向一致，根据式(5-5)，三个坐标轴与应力主轴是重合的，同时，在轮廓面附近$\sigma_3=0$，因此，隧道洞室周边围岩开挖后所蕴含的应变能公式为：

$$U=\frac{1}{2E}\left(\sigma_1^2+\sigma_2^2-2\mu\sigma_1\sigma_2\right) \tag{5-6}$$

用垂直向初始地应力和侧压力系数表示为：

$$U=\frac{1-\mu^2}{2E}\sigma_1^2=\frac{1-\mu^2}{2E}\sigma_v^2[1+\lambda+2(1-\lambda)\cos 2\theta]^2 \tag{5-7}$$

用垂直向初始地应力和侧压力系数表示为：

$$U=\frac{1-\mu^2}{2E}\sigma_1^2=\frac{1-\mu^2}{2E}\sigma_{\mathrm{v}}^2[1+\lambda+2(1-\lambda)\cos 2\theta]^2 \tag{5-8}$$

带入不同的$\theta$值，则可以得到不同垂直向初始地应力和侧压力系数下，隧道拱顶、拱肩、拱脚，边墙角及仰供等各个位置单位岩体所能蕴含的应变能$U$计算公式：

拱顶和仰供：$\theta=90°$

$$U=\frac{1-\mu^2}{2E}\sigma_{\mathrm{v}}^2(3\lambda-1)^2 \tag{5-9}$$

拱肩和边墙：$\theta=45°$

$$U=\frac{1-\mu^2}{2E}\sigma_{\mathrm{v}}^2(1+\lambda)^2 \tag{5-10}$$

拱腰：$\theta=0°$

$$U=\frac{1-\mu^2}{2E}\sigma_1^2=\frac{1-\mu^2}{2E}\sigma_{\mathrm{v}}^2(3-\lambda)^2 \tag{5-11}$$

在相同埋深，垂直向初始地应力相同的情况下，开挖隧洞各位置处单位岩体所能蕴含的应变能$U$随不同侧压力系数$\lambda$的关系如图 5-12 所示。

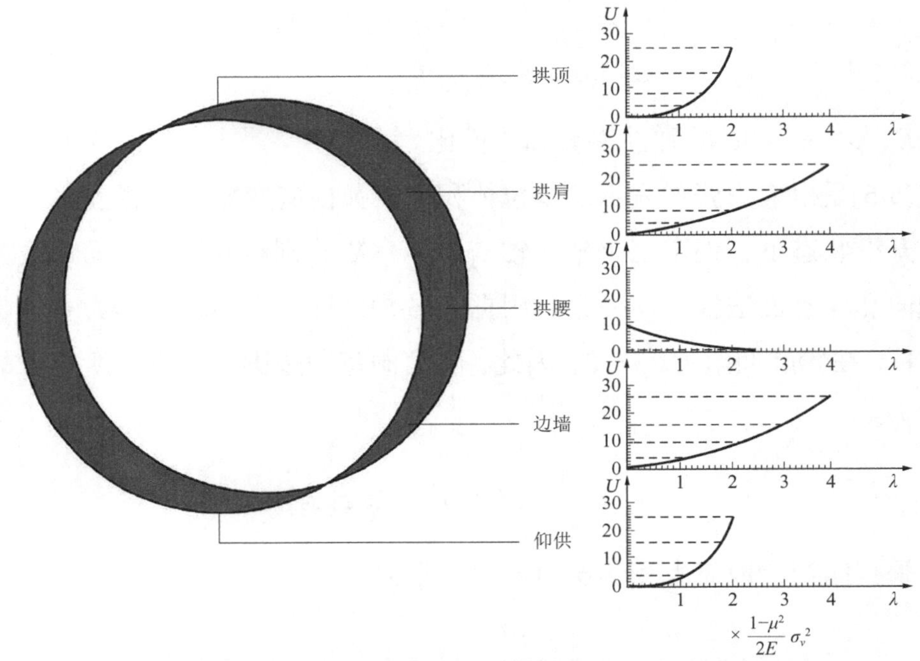


图 5-12 围岩各处应变能与侧压力系数的关系

### 5.2.3 冲击荷载计算过程

作用在支护结构上的冲击荷载计算包括三部分：释放动能的大小、爆块块体大小与速度、作用在支护结构上的荷载。首先，通过能量分析，明确岩体中存储的应变能的大小，以及在其所释放的能量中，有多少能够转化成爆块动能。其次，确定爆块块体大小与速度。通过对已有岩爆工程的发生特征进行调研，可以知道不同等级岩爆的爆块形态及块体大小等特征。在爆块的动能已知的前提下，采用动能计算公式，继而可以求得爆块的速度。最后，在获得爆块块体大小和爆块速度这两个关键的参数之后，就可以采用结构力学的方法计算作用在支护结构上的荷载大小。

### 5.2.4 释放动能大小

储存在岩体中的能量并不会完全以动能释放，有一部分能量会以热能和表面能的形式耗散。不同的学者分别推导了耗散能量的计算公式，但计算公式中参数较多，且计算复杂，实际工程中难以取得。本节不考虑除动能以外的其他能量的具体大小，而是把重点放在岩体积蓄的应变能中有多少能量能够转化为动能，以岩爆的方式释放出来。

释放动能大小的计算包括两个过程：首先是外力做功，将能量蓄积在岩体内，在这个过程中，会有一部分能量用来拓展劣化围岩间的裂隙，当达到临界条件时，在发生岩爆、释放能量的过程中，该部分能量不会再被释放，即围岩所包含的应变能包括弹性应变能和塑性应变能；另一个过程是在岩爆发生时，有部分能量以声波能和热能等形式释放，而不是全部以动能释放。下面针对这两个过程分别进行分析，最终确定岩爆发生时所能释放的动能。

第一个过程的能量释放率可采用试验的方式确定，具体可参照波兰国家标准中岩爆倾向性指数$W_{et}$（国内也有人叫作“弹性能量指数”）的获得方法。应用岩石单轴抗压强度试验，将试件加载到其峰值强度的 70%～80%，然后开始卸载，卸载至峰值的 0.05 倍。通过上述的加载与卸载试验过程，最后可以得到岩石在单轴应力状态下的加、卸载应力—应变曲线，从而求得卸载所释放的弹性应变能（$\Phi_{SP}$）和耗损的弹性应变能（$\Phi_{ST}$）之间的比值，该比值即为岩爆倾向性指数（$W_{et}$），即

$$W_{et}=\frac{\Phi_{SP}}{\Phi_{ST}}$$

岩爆倾向性指数测试曲线如图 5-13 所示。

由岩爆倾向性指数的定义可知，$W_{et}$值的大小反映了岩石所能存储的能量与所能释放的能量之间的关系，亦即弹性应变能和塑性应变能之和与弹性应变能之间的关系。相同状态下，$W_{et}$值越高，岩石储存的能量越大，其所能释放的能量就越大，也就有更高的可能发生更高等级的岩爆。

波兰国家标准给出的不同等级岩爆对应的岩爆倾向性指数$W_{et}$值如下：

$W_{et}\geqslant 5.0$，严重岩爆；

$2.0\leqslant W_{et}<5.0$，中、低烈度岩爆；

$W_{et}<2.0$，不产生岩爆。

根据不同等级岩爆选取不同的$W_{et}$值，据此可计算出弹性应变能占岩体所蕴含所有应变能的比例。当有条件进行试验时，应取具体隧道工程现场围岩，进行岩石单轴抗压强度试验，得到岩爆倾向性指数值，继而确定该围岩条件弹性应变能占比。

第二个过程中释放的所有弹性应变能中动能所占的比例可参照文献（岩石剪切破坏过程的能量耗散和释放研究，陈旭光），其给出了岩石剪切破坏过程释放的各种能量中动能所占的比例和内摩擦角之间的关系，如图 5-14 所示。

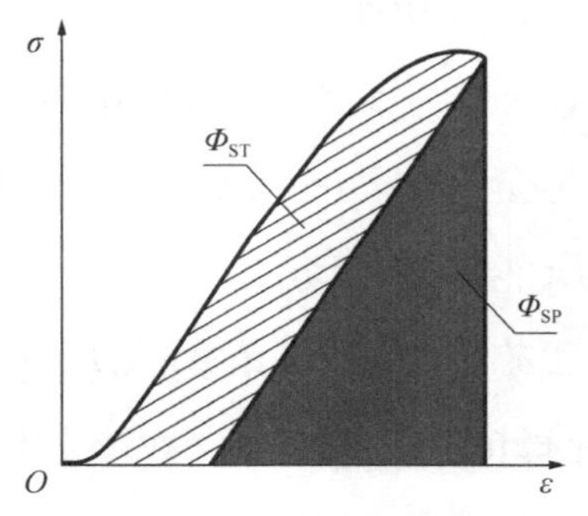


图 5-13　Wet 测试曲线

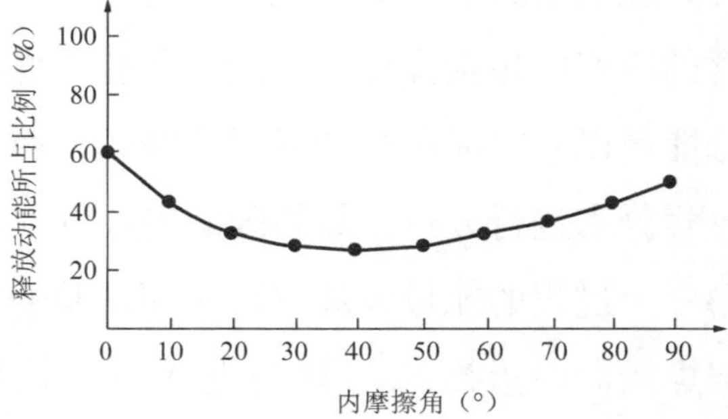


图 5-14　释放动能占比与内摩擦角关系图

由图 5-14 可知，释放的能量中动能所占的比例以内摩擦角为 45°为最小，只占 30%。随着内摩擦角向 0°和 90°靠近，动能所占比例逐渐增加，直至增到

最大值 60°。在已知内摩擦角大小的情况下，可按照图 5-14 取值。在缺少数据时，可按照最不利情况取值为 60°。

### 5.2.5 爆块大小和速度

剥落型岩爆的岩爆体一般为贝壳状或片状，轻微弹射型岩爆为细长的椭圆片体，爆裂型岩爆岩体多为块体。一般来说，轻微、中等岩爆以剥落为主，强烈和极强岩爆以弹射为主。剥落型岩爆有时会发生几次剥落，只统计单次岩爆体特征并不能完整反应整个过程。同时，也可将剥落理解为弹射，只是弹射速度较小。而弹射型岩爆弹出的块体并不完整，一次从同一个爆坑中可能有多块爆块弹射出来，并且有的块体落地后会碎裂为几块。综合考虑，从爆坑的角度分析计算爆块大小会更合理。

为研究岩爆的爆坑特征，对国内外岩爆隧道进行调研。调研结果显示爆坑形状可分为三类，分别是 V 形（包括阶梯状、直角状、楔形）、穹状（包括弧形长槽、穹状）和窝状（包括窝状、蜂窝状、锅底状）。其中，爆坑形状以 V 形爆坑最为常见，占到了所有形状的 64%。基于此，在之后的爆块体积计算中，将爆坑考虑为 V 形坑，爆块考虑为相对应的锥形体。这里值得注意的是，爆块并不一定就是岩爆发生后我们最后看到的散落在外的块体形状，有可能是爆块落地后撞击破碎形成的。

为研究不同等级岩爆情况下的影响深度，对福堂坝公路隧道等 7 条隧道的 166 个岩爆断面进行统计，统计结果显示不同岩爆等级下爆坑的影响深度与《铁路隧道设计规范》（TB 10003—2016）中给出的影响深度基本相同，具体可见表 5-2。

**岩爆影响深度** 表 5-2

| 岩爆等级 | 轻微 | 中等 | 强烈 | 极强 |
|---|---|---|---|---|
| 影响深度（m） | 小于 0.5 | 0.5～1 | 1～3 | 大于 3 |

选取不同岩爆等级的影响深度，爆块大小按方锥计算，即可得到爆块体积。岩爆主要发生在花岗岩、石灰岩、大理岩、片麻岩等硬岩中，在具体工程中应

按照现场岩石条件进行密度取值。在缺少具体资料时，因为上述几种岩体的密度相差不大，可统一按照 2.75t/m³取值。密度乘体积即得爆块质量。

在释放动大小和爆块质量确定后，即可采用动能公式得到爆块速度。

动能计算公式：

$$E_{\mathrm{k}} = \frac{mv^2}{2} \tag{5-12}$$

式中：$E_{\mathrm{k}}$——爆块动能（J）；

$m$——爆块质量（kg）；

$v$——爆块冲击速度（m/s）。

反推出爆块速度计算公式：

$$v = \sqrt{\frac{2E_{\mathrm{k}}}{m}} \tag{5-13}$$

计算得到的爆块速度计算公式应符合实际情况。为此，针对爆块速度展开调研。Zuo 等从能量平衡角度出发，研究了静力加载和动一静组合加载下岩爆块体的速度。Mcgarr 从梁的屈曲失稳角度研究破坏块体速度。陈滔等采用数值模拟和模型试验的方法研究了岩块弹射速度。除此之外，在不同岩爆现场，观测到的岩爆块体速度最大可达 10m/s。综合各方面的研究可知，岩爆爆块的速度最大可超过 10m/s，但一般不会超过很多。

### 5.2.6 动荷因数

爆块以一定速度作用在支护结构上引起支护的变形，在这一过程中，爆块高度变化是支护结构在其作用点处位移值的竖向分量，支护位移值很小，因此爆块的重力势能变化量很小，不对其进行考虑。则爆块的动能全部转化为结构的应变能。动能$E_{\mathrm{k}} = \frac{mv^2}{2}$，应变能$V_{\mathrm{d}} = \frac{F\Delta}{2}$，则：

$$\frac{mv^2}{2} = \frac{F\Delta}{2} \tag{5-14}$$

式中：$m$——爆块质量（kg）；

$v$——爆块冲击速度（m/s）；

$F$——最大冲击力（kN）；

$\varDelta$——受冲击部位的最大挠度（mm）。

根据结构力学内容进行计算，可知$F$和$\varDelta$应满足以下关系：

$$\varDelta = \frac{K_0 F}{EI} \tag{5-15}$$

式中：$E$——支护结构弹性模量（MPa）；

$I$——截面惯性矩（$mm^4$）；

$K_0$——支护尺寸系数（m）。

其中，支护尺寸系数$K_0$是一个与支护断面大小及支护断面类型相关的系数，反映了不同断面隧道在荷载—变形关系之间的差异，当隧道为圆形隧道时，可按式(5-16)计算。

$$K_0 = \frac{\pi - 3}{2} R^2 \tag{5-16}$$

式中：$R$——隧道当量半径（m）。

联立式(5-15)、式(5-16)，可解得：

$$\begin{aligned} \varDelta &= \sqrt{\frac{K_0 m v^2}{EI}} \\ F &= \sqrt{\frac{m v^2 EI}{K_0}} \end{aligned} \tag{5-17}$$

式中：$\varDelta$——受冲击部位的最大位移（m）；

$F$——以集中荷载形式表达的冲击荷载（N），也可用动能形式表示为：

$$F = \sqrt{\frac{2E_K VEI}{K_0}} \tag{5-18}$$

$E_K$——单位体积围岩释放动能大小；

$V$——释放动能的围岩体积。

结构动力学中，习惯用动荷因数$K$来表示动荷载的作用。动荷因数表示动荷载作用下结构发生的变形与自重作用下结构发生变形的比值，也可表示为冲击荷载的大小相当于自重的倍数。

$$K = \frac{F}{mg} = \frac{\varDelta}{\varDelta_{st}} = \sqrt{\frac{v^2 EI}{K_0 m g^2}} \tag{5-19}$$

式中：$K$——动荷因数；

$F$——冲击荷载（N）；

$m$——爆块质量（kg）；

$g$——重力加速度（$m/s^2$）；

$\Delta$——为受冲击部位的最大位移（m）；

$\Delta_{st}$——自重引起的挠度（m）；

$v$——爆块冲击速度（m/s）；

$K_0$——支护尺寸系数（m）；

$E$——支护结构弹性模量（MPa）；

$I$——截面惯性矩（$mm^4$）。

需要注意的是，当我们把支护结构考虑成线弹性体系时，上面的式子是通用的，不仅仅适用于圆形隧道，对于三心圆、四心圆等铁路或公路断面形状的结构也是适用的。不同断面大小，不同断面类型，只是公式中的洞径大小系数$K_0$不同。

同时，由式(5-19)可知，作用在支护结构上的冲击荷载动荷因数与支护结构的刚度有关。因此，采用的支护参数不同，作用在支护结构上的冲击荷载大小也不同。

### 5.2.7 冲击荷载

将爆块自重扩大动荷因数所作用的倍数，以均布荷载的形式作用在结构上，即可相当于冲击荷载。

$$q_{冲击} = \frac{Kmg}{a^2} \tag{5-20}$$

式中：$q_{冲击}$——冲击荷载（Pa）；

$K$——动荷因数；

$m$——爆块质量（kg）；

$g$——重力加速度（$m/s^2$）；

$a$——爆块边长（m）。

或用动能形式表示为：

$$q_{冲击} = \sqrt{\frac{2E_k VEI}{K_0 a^4}} \tag{5-21}$$

式中参数含义同前。

两种表达形式原理是相同的，采用不同表达形式的意义为式(5-20)的表达更为简洁，但同时涉及的假设较多，当现场发生的岩爆情况和假设有不同时，该式的适用条件会受到限制。而式(5-21)的表达更为原始，当现场岩爆情况有与假设不同之处时，可直接调整相关参数，以更贴切现场情况，但相应的表达较为烦琐。岩爆冲击荷载为局部荷载，其作用位置根据实际岩爆发生的位置确定，如图 5-15 所示。

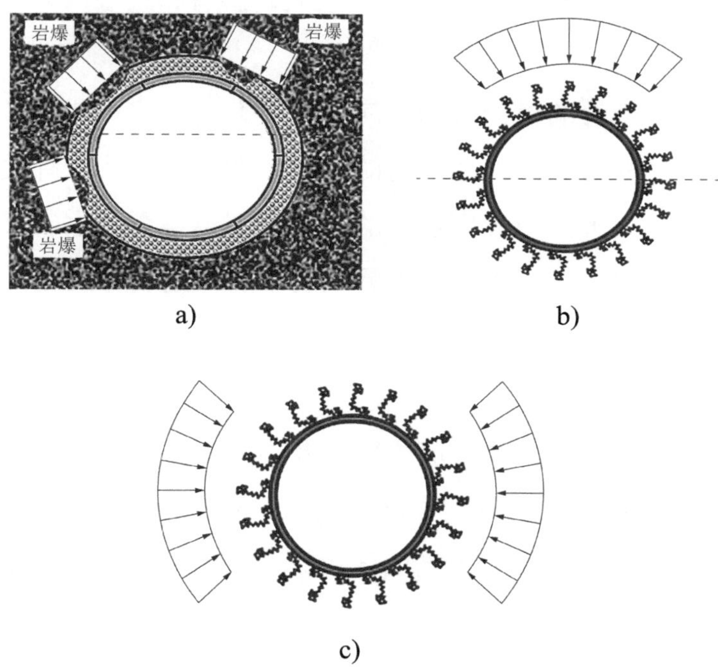


图 5-15 岩爆荷载作用位置示意图

## 5.3 高地应力岩爆围岩管片结构设计方法

在得到冲击荷载计算方法后，即可采用局部的荷载-结构模型进行管片结构的设计。在此之前，需要确定隧道冲击荷载最容易发生的位置。

### 5.3.1 冲击荷载作用位置

当岩爆发生在无节理面，裂隙不发育的整体围岩结构的圆形隧洞中时，可按以下方法确定荷载作用位置。

（1）理论分析确定

圆形隧道不同部位应变能和侧压力系数之间的关系参见图 5-12。

应变能最大的部位即为最可能发生岩爆的部位。不同侧压力系数下，圆形隧洞围岩应变能最大的部位是不同的。

当$\lambda = 1$时，全环发生岩爆概率相同。

当$\lambda > 1$时，拱顶和仰供发生岩爆的可能性最大，拱肩和边墙次之，拱腰可能性最小。

当$\lambda < 1$时，拱腰发生岩爆的可能性最大，拱肩和边墙次之，拱顶和仰供可能性最小。

由对岩爆发生部位的讨论可知，应变能最大的部位（即最可能发生岩爆的部位）只与竖向地应力和水平地应力的比值，即侧压力系数有关，而与地应力水平的绝对最大值无关。地应力水平的大小决定了是否发生岩爆，以及如果岩爆发生，它所能释放的能量大小和由释放能量所决定岩爆发生的等级，而侧压力系数决定岩爆发生时最可能发生的部位。

（2）数值模拟确定

为研究圆形隧道在不同原岩应力状态及不同侧压力系数下，最可能发生岩爆的部位，采用 FLAC 3D 软件建立隧道模型进行数值仿真计算。岩爆判据选取常用的 Hoek E 判定方法，以隧道断面最大切向应力和岩石单轴抗压强度的比值判断岩爆级别，具体见式(5-22)。

$$\begin{cases} \dfrac{\sigma_{\max}}{R_c} < 0.42 & \text{（轻微岩爆）} \\ 0.42 \leqslant \dfrac{\sigma_{\max}}{R_c} < 0.56 & \text{（中等岩爆）} \\ 0.56 \leqslant \dfrac{\sigma_{\max}}{R_c} < 0.7 & \text{（强烈岩爆）} \\ \dfrac{\sigma_{\max}}{R_c} \geqslant 0.7 & \text{（极强岩爆）} \end{cases} \tag{5-22}$$

式中：$\sigma_{\max}$——隧道断面最大切向应力；

$R_c$——岩石单轴抗压强度。

选取三种不同大小的地应力（分别为 30MPa、40MPa 和 50MPa）与三种侧压力系数（分别为$\lambda = 0.5$、$\lambda = 1$和$\lambda = 1.5$）进行正交组合，共分为 9 种工况进行计算分析。计算得到的是隧道断面的最大切向应力，并不能直接岩爆具体的发生范围。为获得直观的显示效果，将极限状态下的判定系数与岩石单轴抗压强度的乘积作为岩爆发生的临界切向应力，在图中画出其等值线，即可得到不同等级岩爆发生范围大小。处理后的极强岩爆发生范围如图 5-16～图 5-18 所示。

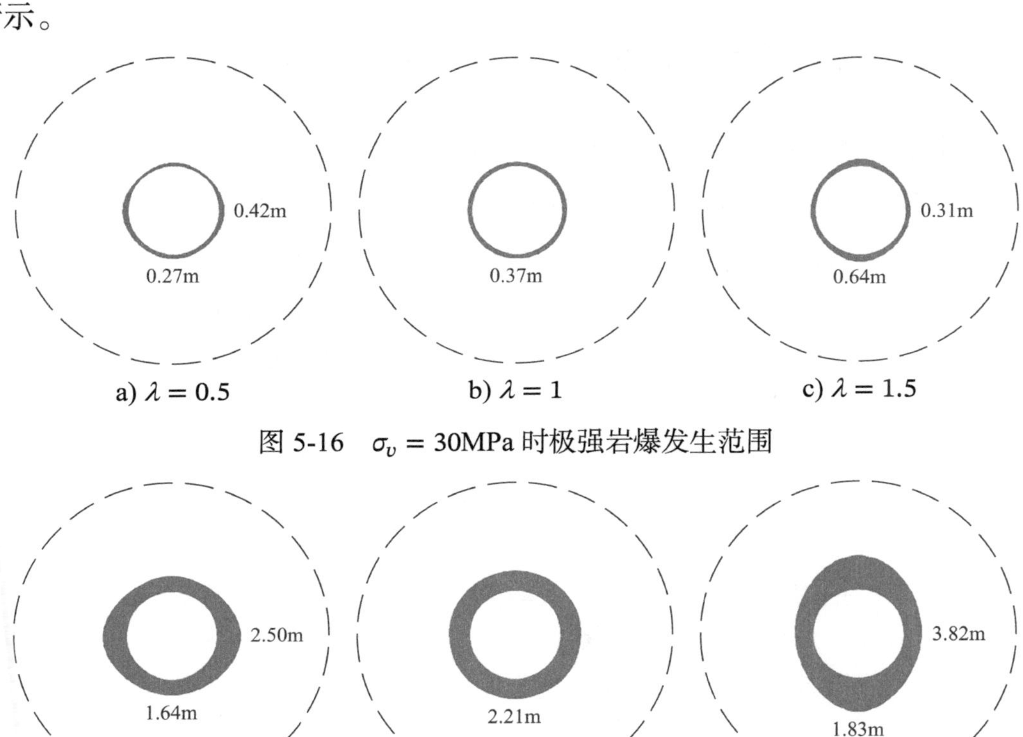


a) $\lambda = 0.5$　b) $\lambda = 1$　c) $\lambda = 1.5$

图 5-16　$\sigma_v = 30$MPa 时极强岩爆发生范围

a) $\lambda = 0.5$　b) $\lambda = 1$　c) $\lambda = 1.5$

图 5-17　$\sigma_v = 40$MPa 时极强岩爆发生范围

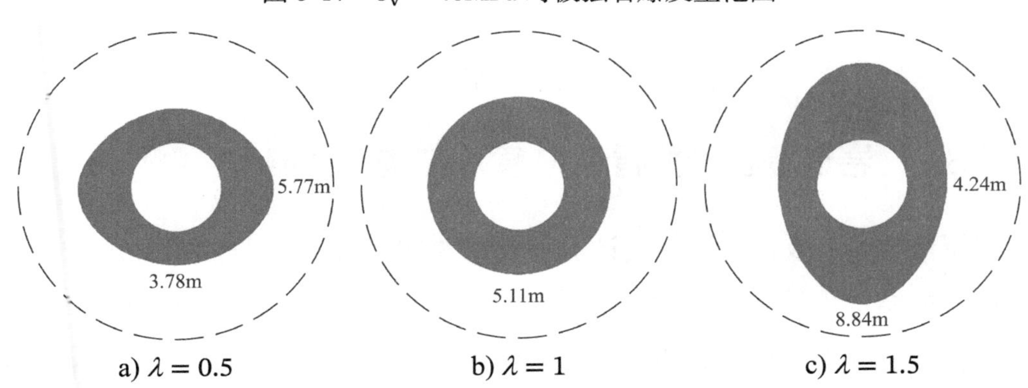


a) $\lambda = 0.5$　b) $\lambda = 1$　c) $\lambda = 1.5$

图 5-18　$\sigma_v = 50$MPa 时极强岩爆发生范围

随着地应力增大，可能发生岩爆的围岩深度逐渐增大，但岩爆深度最大的部位不随地应力增大而改变。不管地应力大小如何，当$\lambda = 1$时，隧道全环可能发生岩爆的围岩深度相同；当$\lambda = 0.5$时，隧道拱腰可能发生岩爆的围岩深度更大；当$\lambda = 1.5$时，隧道拱顶和仰供可能发生岩爆的围岩深度更大。数值计算相关结论与理论分析得到的结论基本一致。

### 5.3.2 岩爆围岩双护盾 TBM 管片结构设计模型

岩爆隧道冲击荷载作用模式可采用局部变形荷载理论计算方法。采用的计算模型为双护盾 TBM 隧道局部荷载-结构模型，支护结构和围岩之间的作用可按弹簧进行考虑，分别采用豆砾石-管片组合支护刚度和围岩-豆砾石耦合作用抗力系数进行计算。双护盾 TBM 隧道局部荷载-结构计算模型如图 5-19 所示。

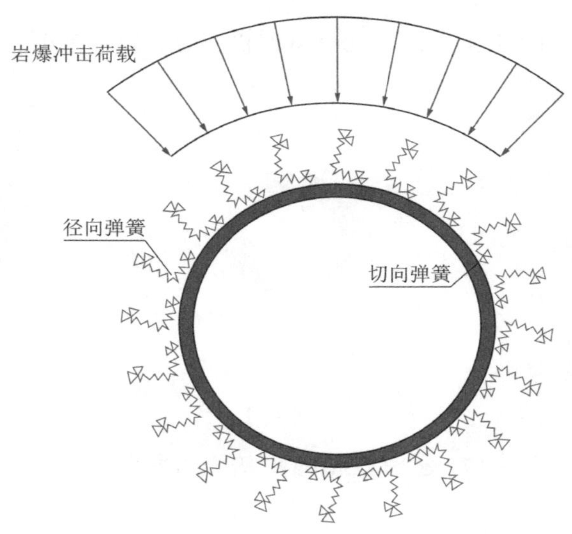


图 5-19 局部荷载-结构计算模型图

### 5.3.3 岩爆围岩双护盾 TBM 管片结构设计流程

岩爆围岩中，双护盾结构设计流程如图 5-20 所示。其与常规围岩中考虑豆砾石影响的结构设计流程区别主要体现在结构荷载计算和结构计算模型两个方面，在岩爆地层中管片受到的荷载为岩爆冲击荷载，精选模型采用局部荷载-结构计算模型。

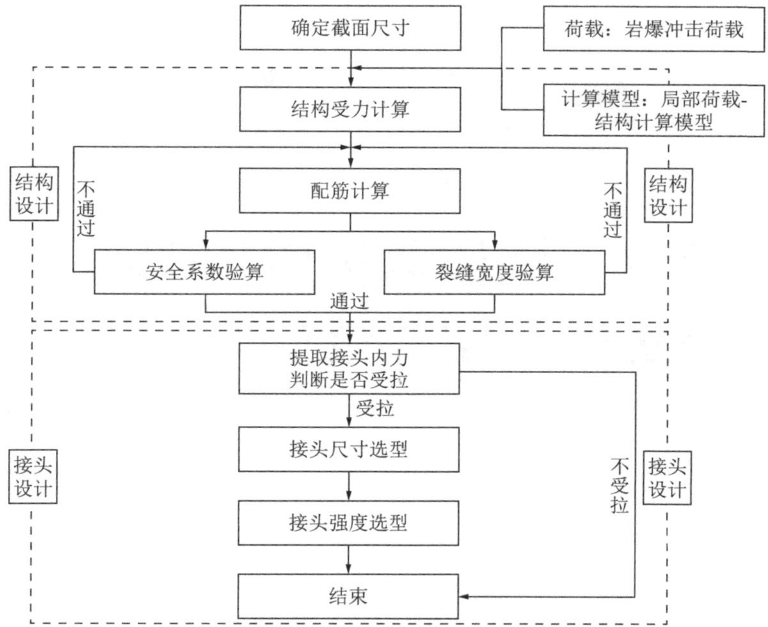


图 5-20　岩爆围岩双护盾 TBM 管片结构设计流程

# 第6章　高水头地层双护盾 TBM 隧道管片结构设计方法

目前，传统钻爆法施工的隧道中，防排水已经形成了成熟、完善的体系，其根据具体的工程地质、水文地质特征，以及不同的防排水理念，分为“封堵型”“堵水限排型”和“全排型”三种形式。双护盾 TBM 隧道不同于传统钻爆法隧道，双护盾 TBM 隧道有着自身的工法特点，其采用管片进行支护的形式就决定了传统钻爆法隧道的防排水措施已不能完全适用于双护盾 TBM 隧道。目前，在建和拟建的双护盾 TBM 隧道在防排水形式上大多采用“封堵型”。在高水头条件下，通常采用增加管片厚度和增加结构配筋强度这两种方式来提高管片的承载能力。对于双护盾 TBM 来说，其管片厚度直接影响设备刀盘直径的大小，增加管片厚度不但增加了结构成本还增加了设备成本。因此，在高水头条件下，采用泄水型管片可以有效降低管片背后水压力，可有效降低结构和设备成本。本章主要介绍双护盾 TBM 泄水型管片渗流场特性、泄水型管片水压力计算方法，以及多雄拉隧道管片水头的适应性及防排水分区。

## 6.1　双护盾 TBM 隧道泄水型管片渗流场特性

按照不同的防排水形式，双护盾 TBM 管片主要分为“封堵型”和“泄水型”两种，不同防排水形式的合理选择，很大程度上决定了隧道的安全性与经济性。防排水形式的选择主要考虑因素为管片的承载能力，当管片结构、管片接头都能满足承载力要求，可采用“封堵型”，既能保证结构安全，也便利施工；反之，则需采用“泄水型”管片进行泄水降压，从而满足安全要求。

### 6.1.1　双护盾 TBM 泄水型管片渗流场演变规律

在分析隧道排水对初始渗流场影响规律时，考虑到隧道结构受地应力场渗流场同时作用，为了更准确地进行模拟，采用 FLAC3D 有限差分软件中的流固耦合模块进行计算。根据实用化计算原则，计算做如下假定：

①围岩为均质、连续、各向同性介质；

②隧道开挖引起的地下水渗流属于恒定流，且满足达西（Darcy）定律；

③地下水位恒定，不因隧道开挖排水而改变；

④根据研究目的，隧道排水是通过设置衬砌为透水材料，通过赋予不同的渗透系数来改变衬砌排水量。

基于以上假定，建立了地层结构模型，如图 6-1 所示。模型边界为：模型左右侧横向水平约束，模型底部竖向约束，顶部自由约束。流体边界为：模型左右侧为透水边界，孔隙水压力值固定，这样是为了更好地模拟地下水的一个真实状态；底部不透水边界；顶部设置为透水边界，孔隙水压力值固定。模型中围岩始终保持全饱和状态。模型边界设置如图 6-2 所示。

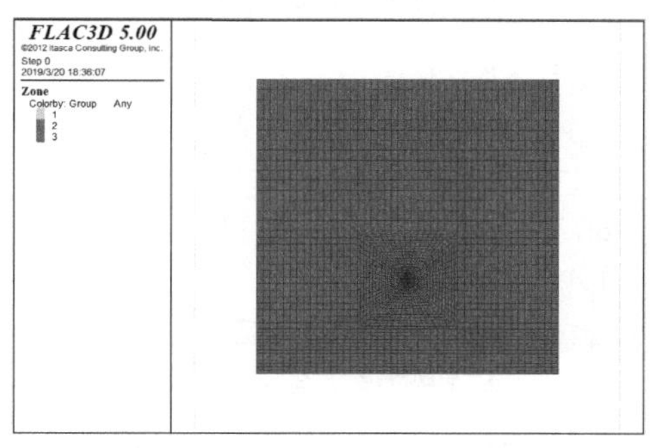


图 6-1　流固耦合地层结构模型

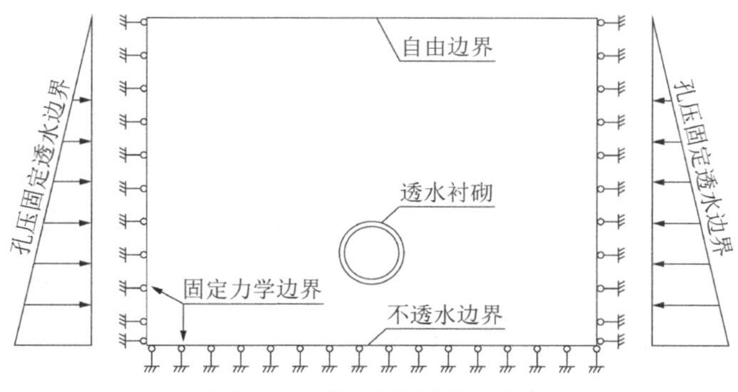


图 6-2　模型边界设置图

考虑到本次计算需要对比排水前后渗流场的变化情况，为了更精确地进行对比，有必要进行如图 6-3 所示的测点布置，沿隧道拱顶正上方以纵向间隔 1m 的方式布置测线，测线的长度与拱顶至自由液面的高度相同，目的是监测整个渗流场中的水压力量值。

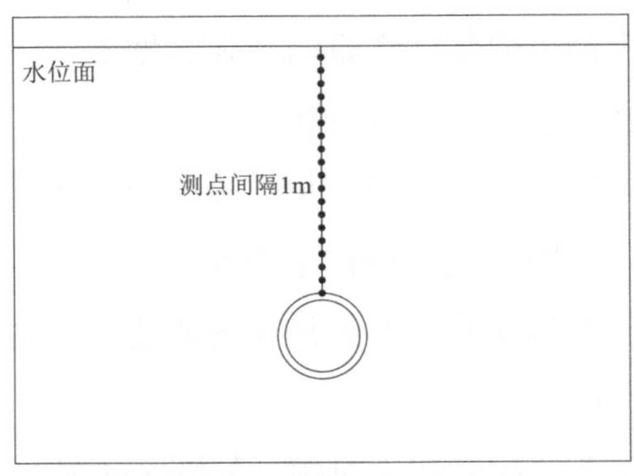


图 6-3　数值计算测线布置示意图

模型中计算单元均采用实体单元模拟，其中围岩采用莫尔-库仑模型作为本构模型；衬砌采用弹性模型作为本构模型。各单元渗流模型均为各向同性渗流模型，渗流参数见表 6-1。各材料物理力学参数见表 6-2。

**渗流模型计算参数表**　　表 6-1

| 围岩渗透系数（cm/s） | 水头高度（m） | 渗流模型 | 体积模量（Pa） | 孔隙率（%） | 流体抗拉强度 |
|---|---|---|---|---|---|
| $1\times10^{-2}$、$1\times10^{-3}$、$1\times10^{-4}$、$1\times10^{-5}$、$1\times10^{-6}$ | 60、90、120、150 | fl_iso（各项同性均质） | $2\times10^{9}$ | 0.3 | 0 |

**材料物理力学参数表**　　表 6-2

| 材料 | 密度（$kg/m^3$） | 弹性模量（GPa） | 泊松比 | 内摩擦角（°） | 黏聚力（MPa） | 孔隙率（%） |
|---|---|---|---|---|---|---|
| 围岩 | 2000 | 1.5 | 0.35 | 20 | 0.1 | 0.2 |
| 衬砌 | 2500 | 35 | 0.2 | — | — | 0.1 |

围岩渗透系数、初始水头高度、管片结构排水率是隧道周围围岩渗流场的三大主要影响因素。管片的排水率为管片排水量与隧道开挖涌水量的比值，反映了管片排水能力的大小。对以上三个主要因素，采用控制变量法，设置共计 240 组工况进行分析，见表 6-3。

流固耦合数值模拟计算工况表 表 6-3

| 围岩渗透系数$k$（cm/s） | 初始水头高度（m） | 管片排水率（%） |
|---|---|---|
| $1\times10^{-2}$ | 60、90、120、150、200、250、300、400 | 0、20、30、50、80、100 |
| $1\times10^{-3}$ | 60、90、120、150、200、250、300、400 | 0、20、30、50、80、100 |
| $1\times10^{-4}$ | 60、90、120、150、200、250、300、400 | 0、20、30、50、80、100 |
| $1\times10^{-5}$ | 60、90、120、150、200、250、300、400 | 0、20、30、50、80、100 |
| $1\times10^{-6}$ | 60、90、120、150、200、250、300、400 | 0、20、30、50、80%、100 |

（1）不排水条件下隧道周边围岩渗流场分布特征

隧道排水率 0 时即为隧道采用全封堵的防排水形式，以渗透系数为 $1\times10^{-2}$cm/s、排水率为 0 的计算结果进行详细分析，计算结果所得的渗流场等势线如图 6-4 所示。

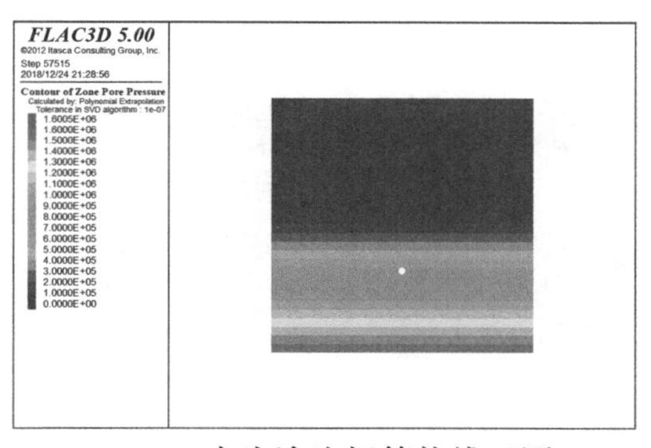


a) 60m 水头渗流场等势线云图

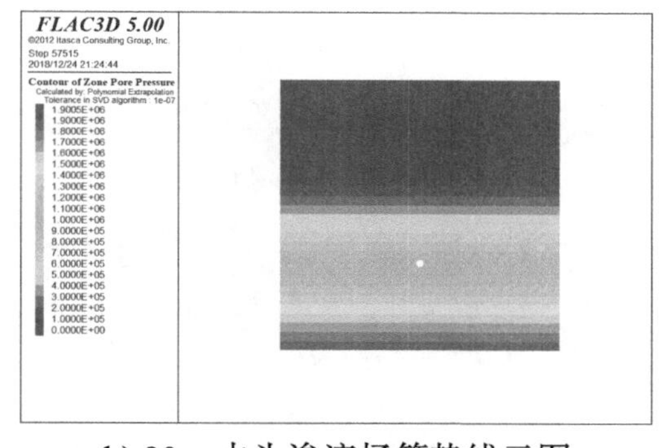


b) 90m 水头渗流场等势线云图

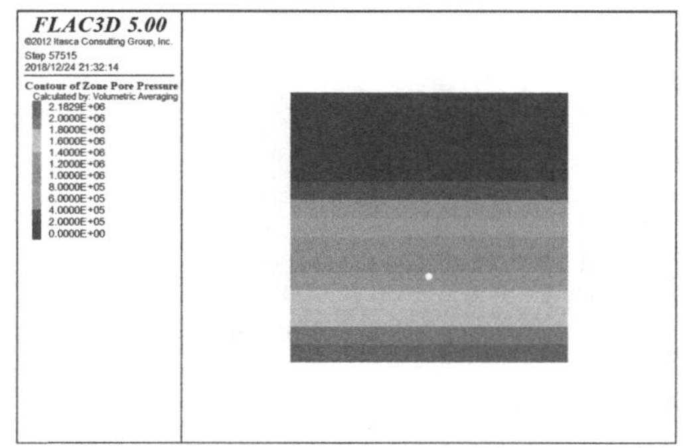


c) 120m 水头渗流场等势线云图

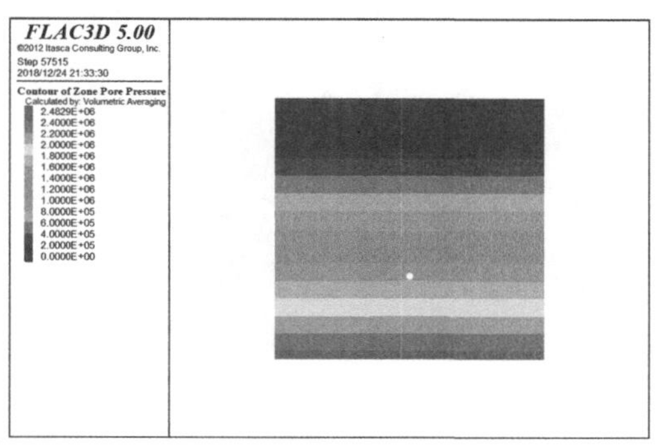


d) 150m 水头渗流场等势线云图

图 6-4 隧道排水率 0 时不同水头高度渗流场等势线云图

隧道不排水时，无论隧道周边围岩渗透性大小，渗流场分布皆保持为水平直线分布，且提取管片背后水压力量值进行分析，量值近似等于静水压力值，且同一监测点的水压力量值随着水头高度的增加而增大，这点与目前的众多研究与理论是一致的。

（2）排水条件下隧道周边围岩渗流场分布特征

隧道采用一定的排水措施后，隧道周边渗流场会在初始渗流场的基础上产生一定的变化，以排水率为 100%（隧道全排水）的情况进行分析说明。该排水率工况下，不同水头高度的隧道周边围岩渗流场等势线如图 6-5 所示。

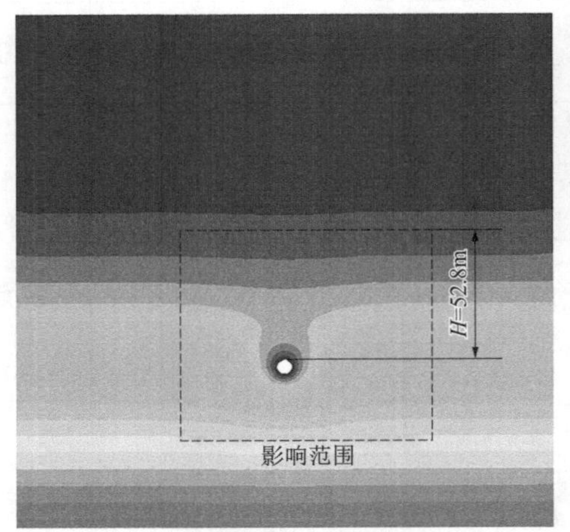


a) 60m 水头影响范围

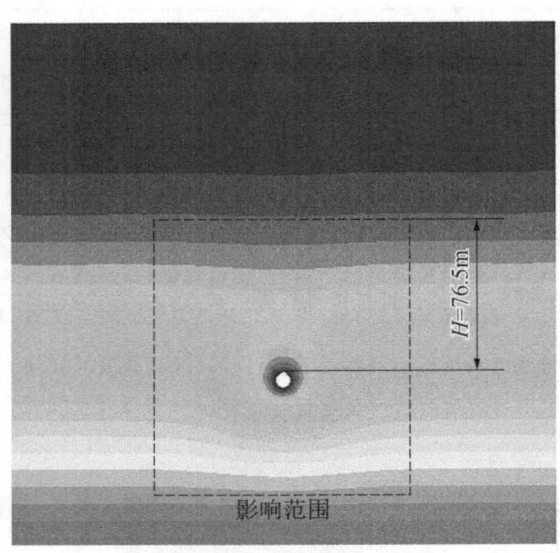


b) 90m 水头影响范围

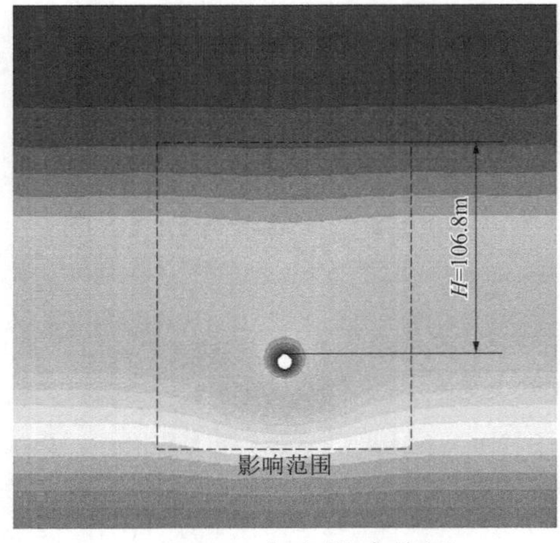


c) 120m 水头影响范围

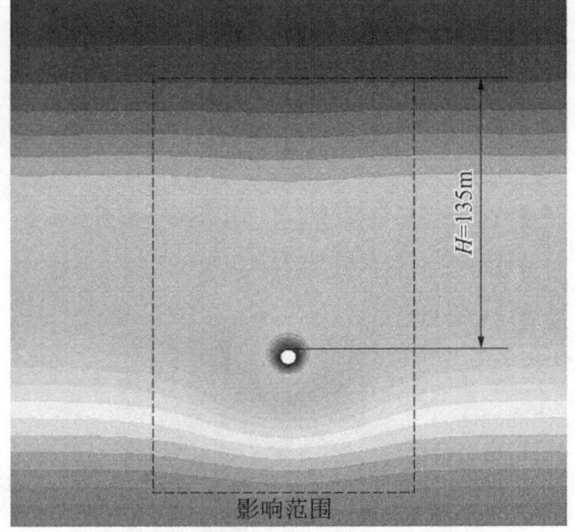


d) 150m 水头影响范围

图 6-5　隧道排水率 100%时不同水头高度渗流场等势线云图

隧道采用排水措施后，围岩渗流场由原先的近似静水压力状态转变为动水压力状态，使隧道周边围岩渗流场分布发生明显变化，在拱顶以上位置形成一个较为明显的“降水漏斗”，但围岩渗流场的变化仅发生在隧道附近局部范围内，并没有扩散至围岩整体渗流场。

### 6.1.2　不同影响因素下围岩渗透影响范围演变规律

（1）水头高度与围岩渗透影响范围相互关系

保持排水率和渗透系数相同，提取不同水头高度工况计算结果测线上排水前后的水压力进行对比，以排水前后水压力一致处为临界点，定义隧道拱顶距临界点处竖直距离为围岩渗透影响范围。以排水率为 100%时的计算结果为例，绘制围岩渗透影响范围高度随水头高度变化曲线，如图 6-6 所示。

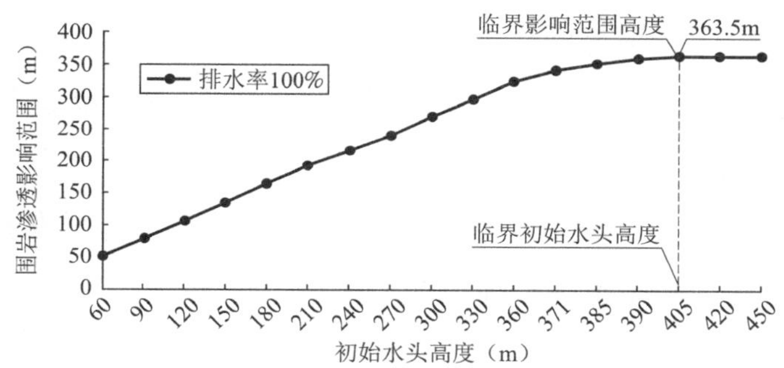


图 6-6　围岩渗透影响范围随初始水头高度变化曲线

排水率为 100%情况下，当水头高度为 60m 时，围岩渗透影响范围约为 52.8m；随着水头高度增大至约 405m，围岩渗透影响范围几乎呈正比增大至 363.5m；此后，该范围趋于稳定值 363.5m，将此时的影响范围值定义为临界影响范围高度，其对应的初始水头高度定义为该工况下的临界初始水头高度。

由图可以看出，围岩渗透影响范围起初会随着外水头高度的增大而增大，且近似表现为正比关系，但随着水头高度的增加，围岩渗透影响范围趋于一稳定临界值，此时会对应相应的临界初始水头高度，外水头若再增大，围岩渗透影响范围也不再变化。

（2）渗透系数与围岩渗透影响范围相互关系

为了说明渗透系数对于围岩渗透影响范围的作用规律，同样采用控制变量法对其进行了分析。图 6-7 所示计算工况排水率均为 100%，分别为 60m、90m、120m 水头下，围岩渗透影响范围随围岩渗透系数的变化曲线。

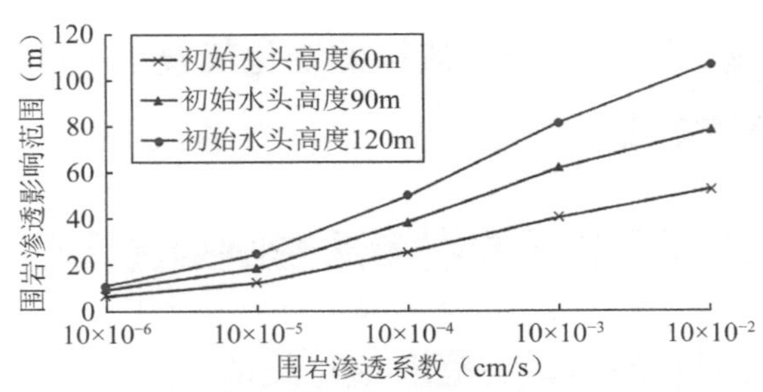


图 6-7　围岩渗透影响范围随渗透系数$k$的变化曲线

当水头高度与排水率一定时，围岩渗透影响范围随着围岩渗透系数$k$的增大而增大，但表现出非线性关系。以 90m 水头为例，当渗透系数$k$值取$1\times10^{-6}$cm/s时，影响范围计算值约为 9.8m；而当$k$取$1\times10^{-2}$cm/s 时，影响范围计算值剧增至 78.5m，变化非常明显。这说明渗透系数是影响范围量值的决定性因素之一。

（3）管片结构排水率与围岩渗透影响范围相关关系

围岩渗透影响范围本质上是由于隧道排水而产生的，隧道不排水时是不存在影响范围的，因此排水率的大小对围岩渗透影响范围也存在影响。为了分析二者的关系，选择 90m 水头高度不同排水率的工况，绘制了围岩渗透影响范围随排水率的变化曲线，如图 6-8 所示。

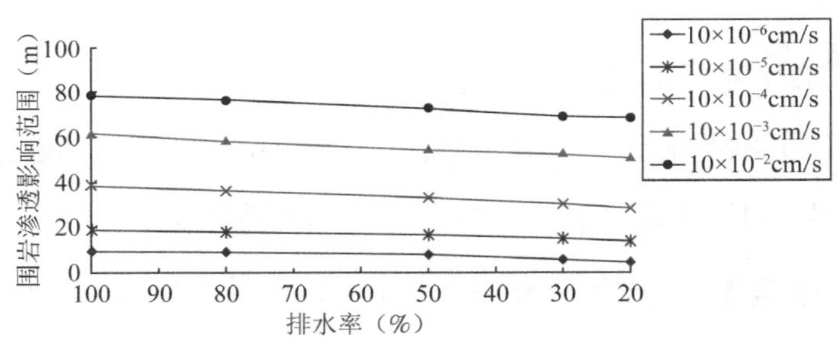


图 6-8　围岩渗透影响范围随排水率变化曲线

当水头高度与渗透系数一定时，围岩渗透影响范围随着隧道排水率的减小而减小。以$k=1\times10^{-2}$cm/s 为例，当排水率 100%时，影响范围计算值约为 78.5m；而当排水率为 20%时，影响范围计算值约为 68.4m，减小率为 14.7%，变化幅度较小。由此可见，隧道排水率同样是围岩渗透影响范围的影响因素之一，但相比于渗透系数，排水率仅为次要影响因素。

### 6.1.3　围岩渗透影响范围计算方法及验证

通过以上分析，明确了围岩渗透影响范围量值与围岩渗透系数、初始水头高度、管片排水率均相关。为了方便以后对围岩渗透影响范围进行计算，对所有 240 组计算结构进行拟合分析，整理所有计算数据，绘制不同渗透系数影响范围变化曲线图，如图 6-9～图 6-13 所示。

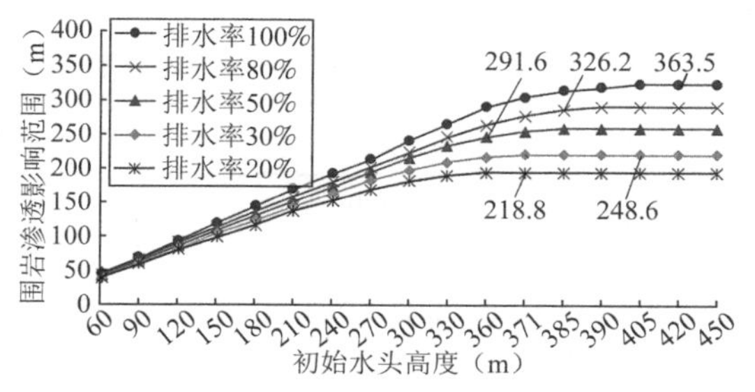


图 6-9　渗透系数$1\times10^{-2}$cm/s 影响范围变化曲线图

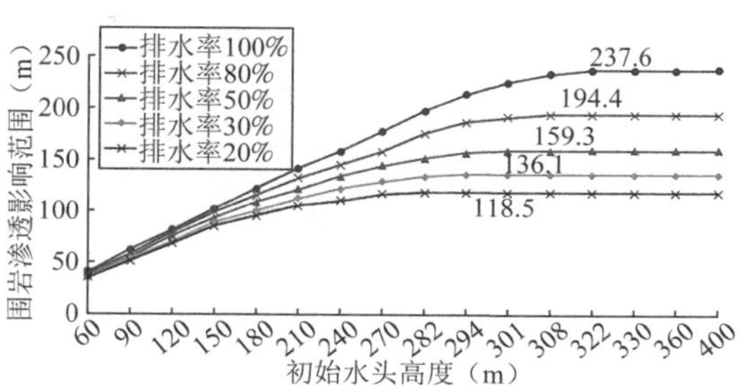


图 6-10　渗透系数$1\times10^{-3}$cm/s 影响范围变化曲线图

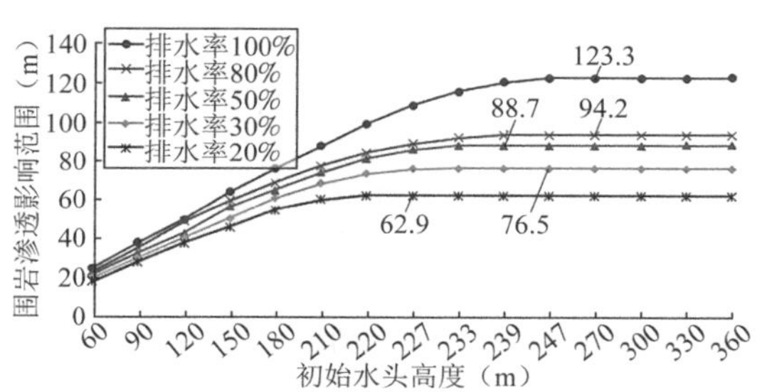


图 6-11　渗透系数$1\times10^{-4}$cm/s 影响范围变化曲线图

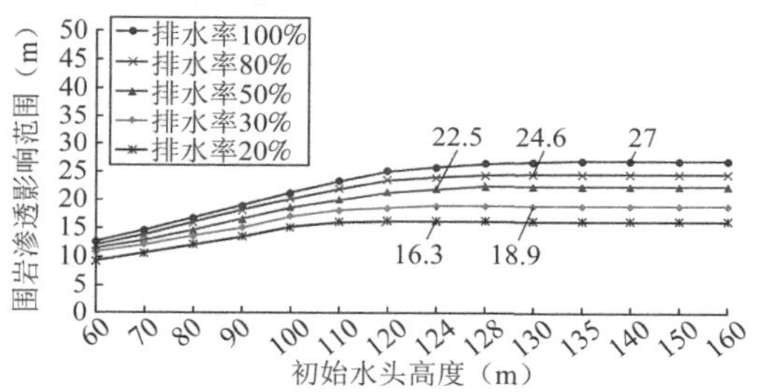


图 6-12　渗透系数$1\times10^{-5}$cm/s 影响范围变化曲线图

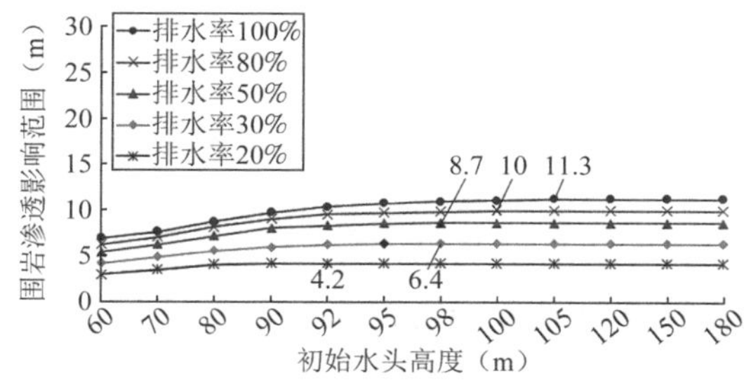


图 6-13　渗透系数$1\times10^{-6}$cm/s 影响范围变化曲线图

由于同种渗透系数、排水率条件下，所有工况的围岩渗透影响范围皆会出现首先近似线性增大然后达到临界水头后保持不变的规律，因此在拟合时将其作为分段函数进行拟合，以临界初始水头作为分界点，分段进行拟合。

不同渗透系数与排水率下的临界初始水头高度与临界影响范围值见表 6-4、表 6-5。

**临界影响范围统计表**（单位：m） 表 6-4

| 管片排水率 | 围岩渗透系数（cm/s） | | | | |
|---|---|---|---|---|---|
| | $1\times10^{-2}$ | $1\times10^{-3}$ | $1\times10^{-4}$ | $1\times10^{-5}$ | $1\times10^{-6}$ |
| 100% | 363.5 | 237.6 | 123.3 | 27 | 11.3 |
| 80% | 326.2 | 194.4 | 94.2 | 24.6 | 10 |
| 50% | 291.6 | 159.3 | 88.7 | 22.5 | 8.7 |
| 30% | 248.6 | 136.1 | 76.5 | 18.9 | 6.4 |
| 20% | 218.8 | 118.5 | 62.9 | 16.3 | 4.2 |

**临界初始水头高度统计表**（单位：m） 表 6-5

| 管片排水率 | 围岩渗透系数（cm/s） | | | | |
|---|---|---|---|---|---|
| | $1\times10^{-2}$ | $1\times10^{-3}$ | $1\times10^{-4}$ | $1\times10^{-5}$ | $1\times10^{-6}$ |
| 100% | 405 | 322 | 247 | 135 | 105 |
| 80% | 390 | 308 | 239 | 130 | 100 |
| 50% | 385 | 301 | 233 | 128 | 98 |
| 30% | 371 | 294 | 227 | 124 | 95 |
| 20% | 360 | 282 | 220 | 120 | 92 |

将以上数据以渗透系数为$x$坐标，排水率为$y$坐标，围岩渗透影响范围为$z$坐标，采用 Matlab 软件对数据进行三维拟合，经拟合可得围岩渗透影响范围，临界值可由下式进行估算。

$$H'_{临界值}=478.9+175\ln k+266.6\beta_2+16.17(\ln k)^2+45.41\beta_2\ln k-4.73{\beta_2}^2 \tag{6-1}$$

临界初始水头高度拟合计算公式如下：

$$H_{临界值}=548.5+106\ln k+82.62\beta_2+4.657(\ln k)^2+9.819\beta_2\ln k-10.33\beta_2^2 \tag{6-2}$$

式中：$k$——岩石渗透系数（cm/s）；

$\beta_2$——管片结构排水率（%）。

在实际工程中，可通过渗透系数与排水率按式(6-2)计算得到临界初始水头高度，用实际的外水头高度和临界初始水头进行比较：当外水头高度大于临界初始水头高度时，围岩渗透影响范围即按照式(6-1)进行计算；当外水头高度低于临界初始水头高度时，若给定管片结构排水率、渗透系数条件下，围岩渗透影响范围随着初始水头高度的增大而增大，二者近似呈线性正相关关系。若$H$为初始水头高度，$H_1$为围岩渗透影响范围，则可近似采用公式$H_1 = \beta_1 H$进行表示；二者关系曲线斜率$\beta_1$同时受到隧道排水率$\beta_2$与围岩渗透系数$k$的影响，即围岩渗透影响范围系数$\beta_1$由围岩渗透系数$k$与管片排水率$\beta_2$综合决定。

为得出三者相互关系，基于不同工况下试验数据，采用数据求解软件 Matlab 对其进行多因素拟合求解，三者求解结果如图 6-14 所示。求解表达式见式(6-3)。

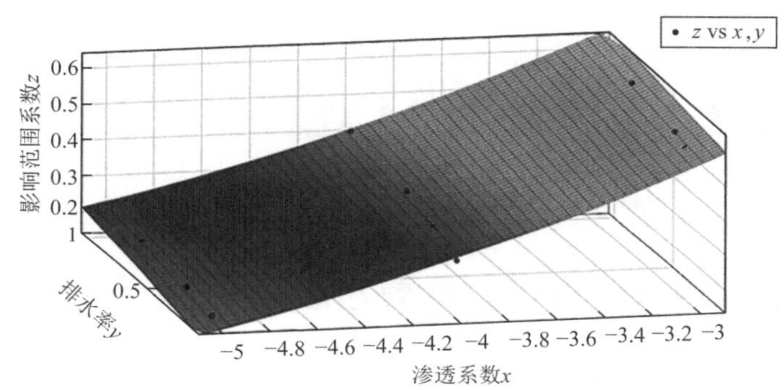


图 6-14　围岩渗透影响范围系数与隧道排水率、渗透系数关系

$$\beta_1 = 1.6 + 0.44\ln k + 0.035\beta_2 + 0.029(\ln k)^2 - 0.01\beta_2\ln k \tag{6-3}$$

式中：$\beta_1$——围岩渗透影响范围系数；

$k$——围岩渗透系数；

$\beta_2$——隧道排水率。

由拟合结果可知，影响范围系数与管片结构排水率、围岩渗透系数的对数三者呈二次曲面关系。但采用上式计算围岩渗透影响范围的前提是排水型隧道，全封堵隧道该系数取值为 0。因此，围岩渗透影响范围系数计算公式应变为分段函数，如式(6-4)所示。

$$\beta_1 = \begin{cases} 6 + 0.44\ln k + 0.035\beta_2 + 0.029(\ln k)^2 - 0.01\beta_2\ln k & （\beta_1 \neq 0，泄水型管片） \\ 0 & （\beta_1 = 0，全封堵管片） \end{cases} \tag{6-4}$$

综上所述，隧道排水条件下围岩渗透影响范围计算公式为分段函数，如式(6-5)所示。

$$H_1=\begin{cases}\left(1.6+0.44\ln k+0.035\beta_2+0.029(\ln k)^2-0.01\beta_2\ln k\right)H & (H\leqslant H_{临界值}) \\ 478.9+175\ln k+266.6\beta_2+16.17(\ln k)^2+ & \\ 45.41\beta_2\ln k-4.73\beta_2^2 & (H>H_{临界值})\end{cases} \tag{6-5}$$

式中：$H$——实际水头高度；

$\beta_2$——隧道排水率；

$k$——围岩渗透系数；

$H_{临界值}$——临界初始水头高度，可通过式(6-2)进行计算。

# 6.2 双护盾 TBM 隧道泄水型管片水压力计算方法

## 6.2.1 泄水管片外水压力计算方法

（1）水压力与影响范围的关系

根据各工况计算结果，分别绘制出影响范围及水压力随水头高度的变化曲线。取管片背后 8 个关键点处外水压力的平均值作为隧道计算外水压力值进行讨论，本处选取了排水率为 50%，渗透系数分别为$1\times10^{-3}$cm/s、$1\times10^{-4}$cm/s、$1\times10^{-5}$cm/s 的计算结果进行分析，同时为了方便对比，将外水压力值换算为水头高度。

由图 6-15～图 6-17 可以看出，在围岩渗透系数一定的前提下，管片背后平均水压力首先会随着外水头高度的增大而增加，同时围岩渗透影响范围也会增大；水压力量值皆小于相应的围岩渗透影响范围，可见水压力在影响范围的基础上产生了一定的折减；围岩渗透影响范围值达到临界值后，管片背后平均水压力也不再随着水头高度的变化而继续增大。由此可认为管片所受水压力的大小与隧道排水后所引起的围岩渗透影响范围的大小直接相关，而不受影响范围以外水头的作用。

（2）水压力与排水率的关系

渗透系数为$1\times10^{-4}$cm/s 时，不同排水率下的计算结果绘制水压力随排水率的变化曲线，如图 6-18 所示。

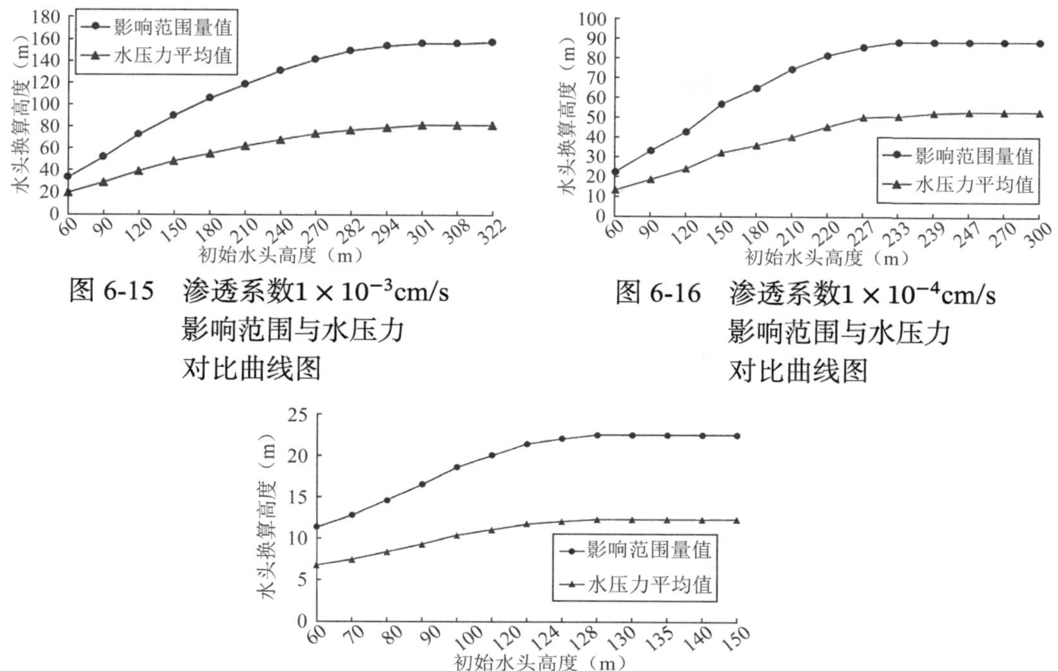


图 6-15　渗透系数$1\times10^{-3}$cm/s 影响范围与水压力对比曲线图

图 6-16　渗透系数$1\times10^{-4}$cm/s 影响范围与水压力对比曲线图

图 6-17　渗透系数$1\times10^{-5}$cm/s 影响范围与水压力对比曲线图

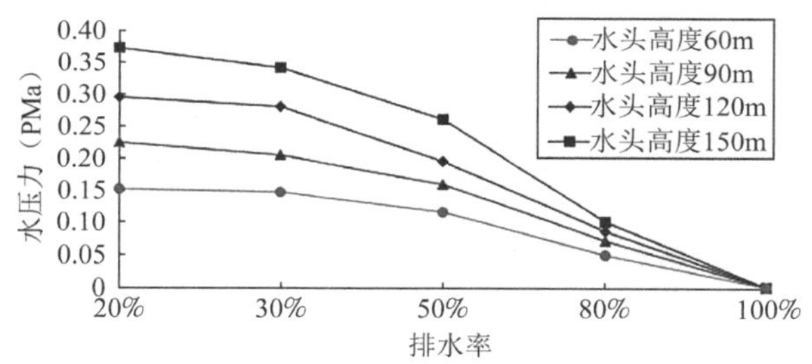


图 6-18　水压力随排水率变化曲线

由图 6-18 可以看出，在相同渗透系数与水头高度条件下，管片背后水压力随着管片排水率的增大而减小，排水率越高，排水量越大，则水压力则越小。以 150m 水头高度为例，当排水率为 20%时，平均水压力约为 0.375MPa；而排水率增大至 80%时，平均水压力约为 0.101MPa；无论水头高度多高，当管片排水率达到 100%时，隧道管片背后将不再承受水压力作用，水压力为 0。因此，排水率的大小也是管片最终承受水压力的重要影响因素之一。在工程设计中，为了尽可能地降低水压力，通过改善防排水方案，提高排水率也是一个行之有效的方案。

（3）泄水型管片外水压力计算方法

平均水压力与围岩渗透影响范围、排水率均存在直接关系，而影响范围与排水率之间又存在相互影响关系，因此将计算所得结果进行统计汇总，对水压力、围岩渗透影响范围、排水率进行多因素拟合。

通过处理渗透系数为$1\times10^{-6}$cm/s 时的计算数据，可作影响范围与管片背后平均水压力对比柱状图，如图 6-19 所示。

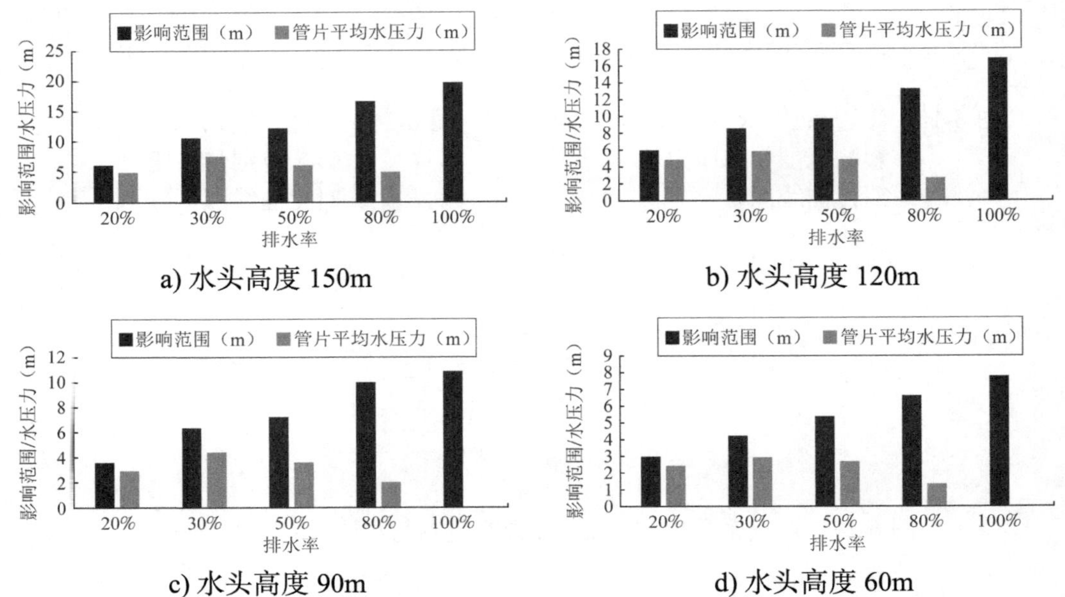


a) 水头高度 150m　b) 水头高度 120m

c) 水头高度 90m　d) 水头高度 60m

图 6-19　渗透系数为$1\times10^{-6}$cm/s 时的柱状对比图

通过处理渗透系数为$1\times10^{-5}$cm/s 时的计算数据，可作影响范围与管片背后平均水压力对比柱状图，如图 6-20 所示。

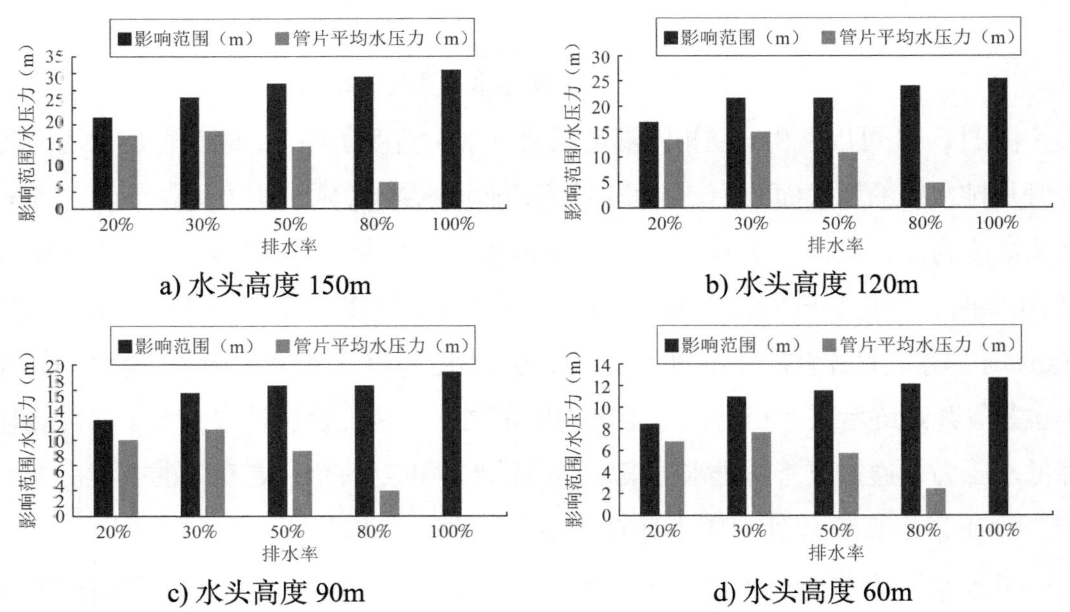


a) 水头高度 150m　b) 水头高度 120m

c) 水头高度 90m　d) 水头高度 60m

图 6-20　渗透系数为$1\times10^{-5}$cm/s 时柱状对比图

采用相同方式处理渗透系数为$1\times10^{-4}$cm/s、$1\times10^{-3}$cm/s、$1\times10^{-2}$cm/s时的计算数据，通过分析可知：当给定初始水头高度时，不同围岩渗透系数条件下隧道背后平均水头高度均小于围岩渗透影响范围。根据围岩渗流场影响范围与隧道背后平均水压力的因果关系，认为隧道背后平均水压力与围岩渗流场影响范围存在一定的“折减”关系。同时，当给定初始水头高度、围岩渗透系数时，不同排水率条件下这种“折减”程度并不相同，说明其受隧道排水率的影响。

为了找到隧道背后水压力与围岩渗流影响范围、排水率的相互关系，采用数据求解软件 Matlab 对其进行拟合求解，围岩渗流影响范围、排水率与隧道背后水压力呈二次曲面关系，三者相互关系求解表达式如式(6-6)所示。

$$P=(1-\beta_2)\gamma H_1 \tag{6-6}$$

式中：$P$——管片背后平均水压力（Pa）；

$\beta_2$——管片排水率（%）；

$\gamma$——水的重度（$kN/m^3$）；

$H_1$——围岩渗透影响范围（m）。

式(6-6)的适用条件为排水型的管片结构；当管片结构不进行排水时，外水压力应为初始静止水压力，因此，该水压力计算公式也应为分段函数，如式(6-7)所示。

$$P\begin{cases}(1-\beta_2)\gamma H_1 & (\beta_2\neq0)\\ \gamma H & (\beta_2=0)\end{cases} \tag{6-7}$$

式中参数含义同前，此处不再赘述。

## 6.2.2　室内模型试验验证

为验证上述公式结果的准确性，采用依托工程多雄拉隧道管片参数，进行了模型试验，以分析隧道周边渗流场在不同影响因素下的变化规律。试验装置如图 6-21 所示。

图 6-21　泄水型管片试验装置

（1）隧道涌水量对比分析

将试验测得不同渗透系数条件下隧道涌水量

与采用古德曼涌水量公式计算所得的涌水量进行对比分析。对比分析初始水头高度 90m 条件下不同围岩渗透系数涌水量（排水率为 100%）结果，如图 6-22 所示。

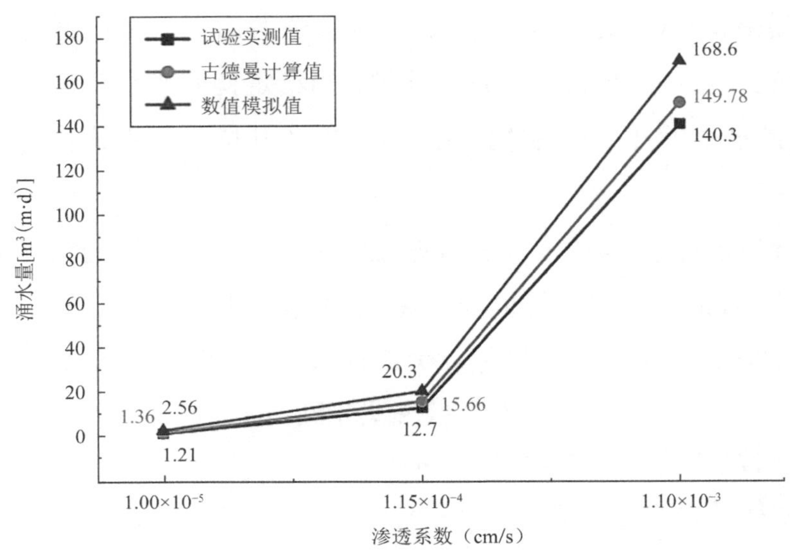


图 6-22　不同围岩渗透系数下隧道涌水量对比

由图 6-22 可知，试验数据、古德曼经验公式和数值模拟三种方式得到的隧道涌水量均随围岩渗透系数增大而增大。当渗透系数为$1.10\times10^{-3}$cm/s时，数值计算、古德曼公式、模型试验所得涌水量分别是168.6$m^3/(m\cdot d)$、149.7$m^3/(m\cdot d)$、140.3$m^3/(m\cdot d)$。其中，数值计算所得涌水量结果为三者中最大，分析认为是由于数值模拟中围岩渗流本构模型为各向同性渗流模型，忽略围岩的不均匀性所造成的，但总体差值相差不大，渗流场数值计算模型可以反映围岩渗流场真实情况。

（2）不同排水率条件下围岩渗透影响范围变化规律

根据试验数据，绘制了初始水头为 90m 时，不同排水率条件下围岩渗透影响范围变化曲线，如图 6-23 所示。

由图可见，在给定围岩渗透系数时，围岩渗透影响范围随着管片排水率的增大而呈现逐渐增大现象，但围岩渗透影响范围随排水率的变化曲线较为平缓，并没有发生剧烈变化。以围岩渗透系数为$1.10\times10^{-3}$为例，当排水率为 30%，围岩渗透影响范围为 54.35m 时；当排水率为 100%时，围岩渗透影响范围增大为 61.52m，增大了 11.65%。

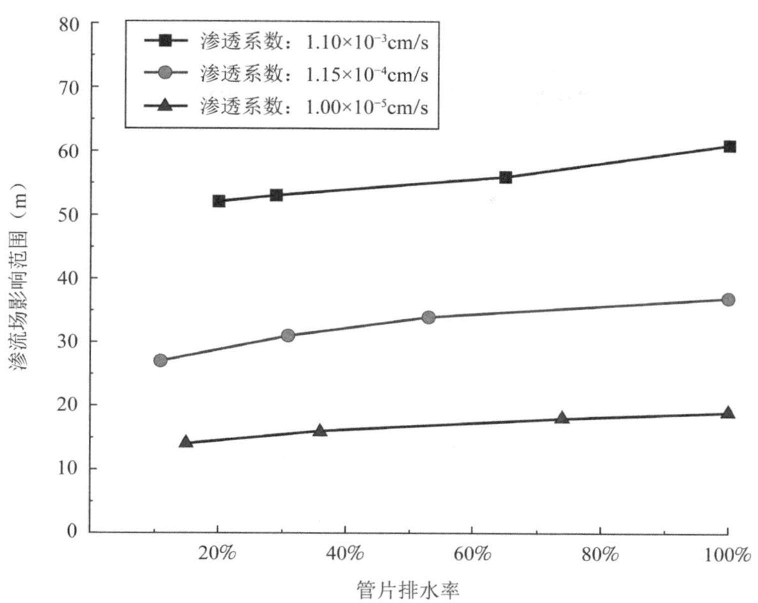


图 6-23　不同排水率条件下围岩渗透影响范围

（3）围岩渗透影响范围、管片结构背后水压力对比

初始水头 90m 时，通过模型试验测得的不同渗透系数和排水率条件下围岩渗透影响范围"模拟值"与采用本书中提出的围岩渗透率影响范围计算公式计算得到的"公式值"进行对比，如图 6-24 所示。

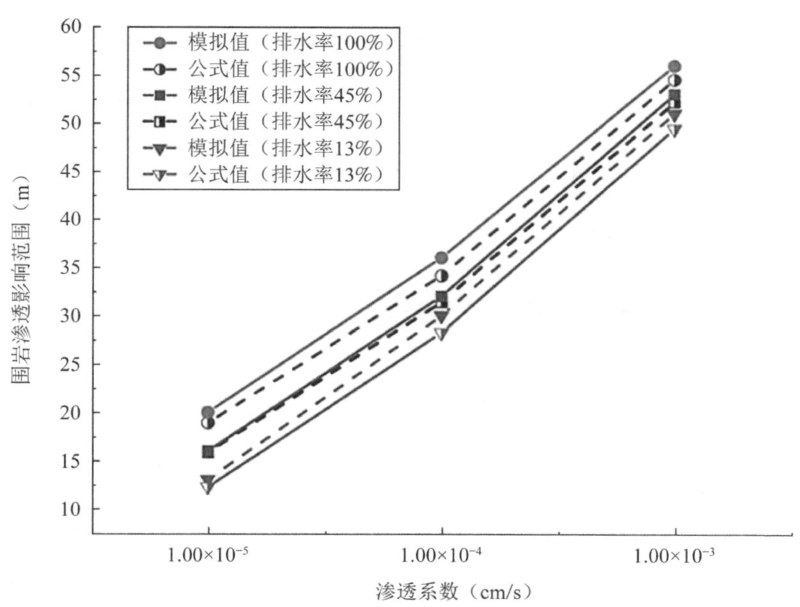


图 6-24　围岩渗透影响范围计算结果对比

通过对比发现，不同隧道排水率下，两种方法得到的围岩渗透影响范围计

算结果均随渗透系数的增大而增大，两者规律一致，且两种计算结果吻合较为良好，说明了围岩渗透影响范围计算公式的正确和合理性。

将模型试验所测得管片水压力“模拟值”与采用本书提出的泄水型管片水压力计算公式的计算得到的“公式值”进行对比，对比结果如图 6-25 所示。

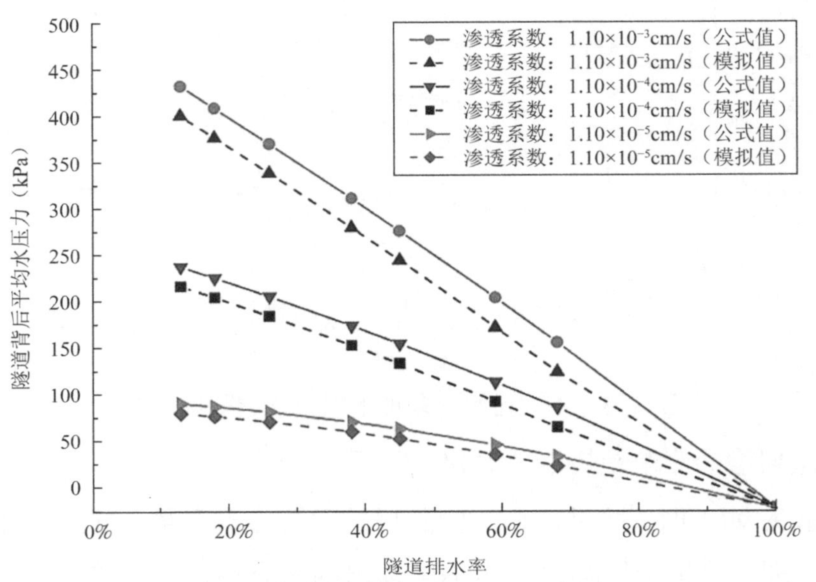


图 6-25　隧道背后水压力计算结果对比

不同围岩渗透系数条件下隧道背后水压力公式计算结果与试验结果随排水率改变的变化规律均保持一致；计算公式所得的水压力量值均略微高出模型结果，两者之间相差约 5%。可以说明通过该公式能够较为准确地计算出管片结构背后平均水压力值。同时，从隧道抗水压设计角度来说，采用该计算公式计算所得的外水压力进行隧道设计时，隧道结构也相对偏于安全。

## 6.3　泄水型管片排水方案设计方法

从环向、纵向分别介绍不同的排水方案，并通过建立流固耦合计算模型，对不同的排水方案进行模拟分析。首先对目前运用较多的仰拱中心、仰拱两侧对称开设泄水孔的方式进行计算，包括以不同纵向泄水孔分布的单环排水、错环排水方案的排水率评价；其次，重点研究深孔排水方案，分析对比不同泄水孔深度的泄水效果，最终给出泄水孔深度设计建议值，可为今后类似工程的管片排水方案设计提供一定的指导。

### 6.3.1 泄水型管片排水方案

（1）泄水孔环向布置方案设计

管片泄水主要是通过在管片不同的位置开设泄水孔的方式来实现，从开孔尺寸来看，为了不对管片结构的受力性能产生影响，孔径多控制在 5～10cm 之间，且多为圆孔。

从泄水孔环向布置来划分，主要分为仰拱中心排水型（图 6-26）、仰拱两侧对称排水型（图 6-27）、环向排水型（图 6-28）。仰拱中心排水型是在仰拱中心位置开设泄水孔的方式，该形式也被证明对于改善仰拱受力有比较明显的作用，并且泄水孔泄水后可直接由中心水沟排出；仰拱两侧对称排水型是目前运用较多的一种形式，相比于仰拱中心排水型，排水效率更高，降压范围更大；环向排水型具有最优的泄压效果，在国内水工隧洞中有过成功的运用，但缺点在于若不设置内排水系统将上部排水进行引排，将会对施工造成很大的影响。

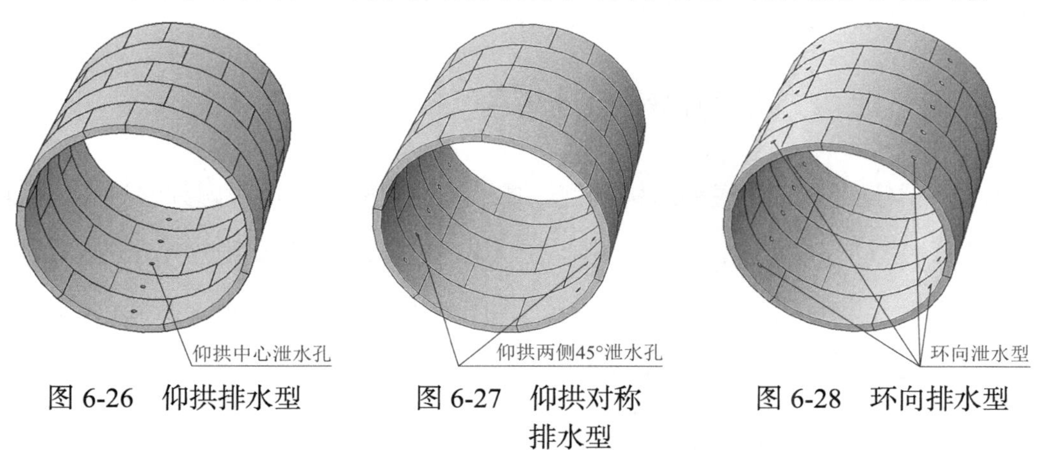


图 6-26 仰拱排水型　　图 6-27 仰拱对称排水型　　图 6-28 环向排水型

此外，由于仅仅依靠管片开设泄水孔，往往泄水压效果有限，无法达到预期的泄压作用，管片仍然承受高水压的作用，因此，为了进一步提高管片泄水压效率，可通过泄水孔外侧围岩进行钻孔泄水，可根据工程实际情况调整不同的钻孔深度，如图 6-29 所示。

（2）泄水孔纵向布置方案设计

由于管片衬砌纵向上是由环环相连拼接而成，而泄水孔通常设计在管片纵向中心位置，因此从纵向来看，泄水孔的分布通常分为每环排水型和错环排水型，如图 6-30 所示，而纵向孔距则随管片幅宽不同而不同，本文依托工程管片幅宽为 1.8m，若按每环排水，纵向孔距则为 1.8m；若采用错环排水，纵向孔距则取为 3.6m。

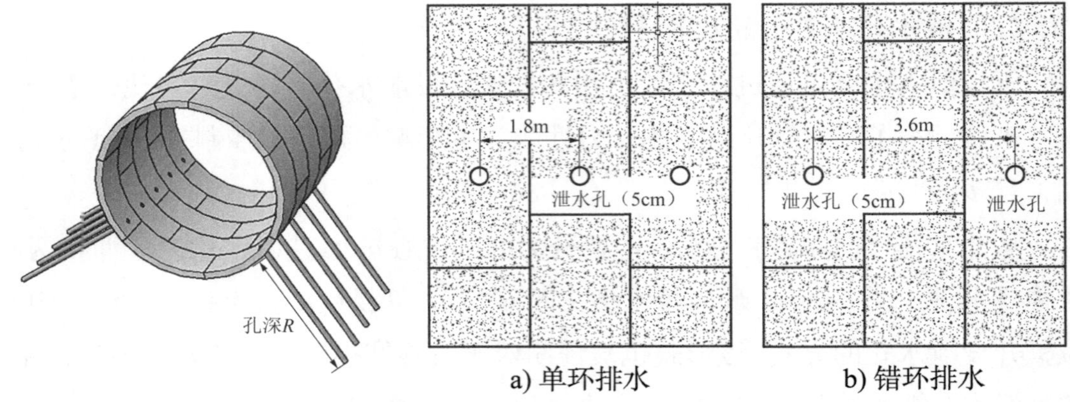


图 6-29　深孔排水示意图　　　　图 6-30　纵向布置方案图

基于以上排水方案，以下将通过建立相应的排水模型，主要对仰拱排水、仰拱两侧对称排水、环向排水及深孔排水模式分别进行计算分析，旨在分析评价不同排水方案优劣以及各排水方案下管片的排水率。

## 6.3.2　泄水方案流固耦合计算模型

本次计算需建立三维底层结构模型，基于圣维兰原理以及考虑到渗流影响范围可能较大，模型左右边界各取约 15 倍洞径，纵向取三环管片长度进行分析，单环管片幅宽为 1.8m，即模型纵向长度取 5.4m，整个模型长宽高为300m × 5.4m × 300m。数值计算模型如图 6-31 及图 6-32 所示。

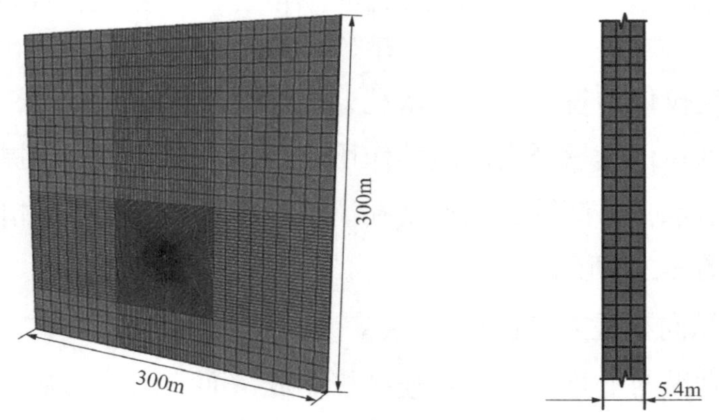


图 6-31　模型示意图（轴侧视图）　图 6-32　模型（纵向）示意图

模型的边界条件及计算参数选取与本章 6.2 节中泄水型管片渗流场特性模

型一致，此处不再赘述。不同之处在于泄水孔位置处的模拟，应力场中可通过对相应单元钝化进行模拟，而在渗流场中，由于实际工程泄水孔的渗透系数为无限大，但在计算中这样设置会出现奇异，因此渗透系数$k$需要取一较大有限值。经过调研，本次计算中考虑泄水孔处单元渗透系数为 20cm/s。此外，实际工程中泄水孔多为圆孔，模型中为了方便建模，采用面积等效原则按 1∶1 的比例等效为正方形泄水孔。

管片排水率即管片排水量与涌水量的比值，首先通过隧道开挖计算在无支护条件下的隧道涌水量，然后再分别计算不同方案下的管片排水量，以此分别得出各工况下的排水率。

### 6.3.3 计算工况

为了对比分析不同排水方案，工况设计时初始水头高度取为 90m，围岩渗透系数取$1 \times 10^{-4}$cm/s 进行说明，本次拟计算工况见表 6-6（表中$D$为隧道洞径）。

**计算工况表** 表 6-6

| 水头高度 | 围岩渗透系数 | 排水形式 | 纵向分布 | 泄水孔深度（m） |
|---|---|---|---|---|
| 60m<br>90m<br>120m | $1 \times 10^{-3}$cm/s<br>$1 \times 10^{-4}$cm/s<br>$1 \times 10^{-5}$cm/s | 仰拱中心型 | 错环排水 | — |
| | | | 每环排水 | — |
| | | 仰拱两侧对称型 | 错环排水 | — |
| | | | 每环排水 | — |
| | | 环向排水型 | 错环排水 | — |
| | | | 每环排水 | — |
| | | 深孔泄水型 | 每环排水 | 0.25$D$、0.50$D$、0.75$D$、1.00$D$、1.25$D$、1.50$D$、1.75$D$、2.00$D$、2.25$D$、2.50$D$、2.75$D$、3.00$D$ |

### 6.3.4 计算结果

（1）仰拱两侧对称泄水型

仰拱两侧对称开设泄水孔后，隧道周边整个渗流场出现“降水漏斗”，且泄水孔附近一定范围及仰拱位置处在该泄水方案下水压折减幅度较大，而距离泄水孔较远的管片拱部位置则水压折减幅度较小；泄水孔的开设改变了隧道周边尤其是泄水孔附近渗流矢量，使得地下水向着泄水孔附近汇集排出；相同条件下，每环排水方案泄压效果优于错环排水方案，主要体现在两个方面，首先每环排水方案使得纵向泄水压更为均匀，而采用错环排水方案时，中间环管片泄压效果较差，其次每环排水方案排水率皆大于相应工况的错环排水方案。

通过对不同水头高度、不同围岩渗透系数下的管片排水率进行了分析，发现：管片的排水率基本不随初始水头高度、围岩渗透系数的变化而变化，错环排水方案在不同水头高度、渗透系数下计算所得排水率为 19.3%～20.7%，每环排水方案在不同水头高度、渗透系数下计算所得排水率为 26.3%～26.9%，忽略计算所带来的误差，可认为管片排水率仅由管片自身的排水方案所决定。

仰拱对称泄水型方案由于施工方便，降水对称，且排水率较高，能够对管片背后水压力产生较大程度的折减，因此在实际工程中采用较多，但也存在对管片下部水压折减较大，而上部折减较小的问题，容易使得管片受水压不均。

（2）仰拱中心泄水型

仰拱中心泄水型方案泄压效果并不明显，且泄压范围有限，对仰拱中心泄水孔附近的水压降低比较明显；错环排水方案在不同水头高度、渗透系数下计算所得排水率为 8.1%～9.9%，每环排水方案在不同水头高度、渗透系数下计算所得排水率为 11.9%～14.0%。该方案排水率较低，且排水范围小，对于仰拱处水压较大的工程比较适用，同时方案实现起来比较容易，施工和运营期间皆可通过中心水沟直接将水排出洞外，而无需设计内部引水措施。

（3）环向泄水型

全环排水方案明显优于上述两种方案，泄压区域几乎覆盖整个管片范围，且泄压效果明显，泄压后水压分布均匀；按所述方案计算所得错环排水方案在不同水头高度、渗透系数下计算所得排水率为 35.1%～36.0%，每环排水方案在不同水头高度、渗透系数下计算所得排水率为 48.0%～49.0%，排水率较高也反映该种方案良好的泄水降压能力。

全环排水方案具有排水率高，泄压范围大，且泄水后管片受力较为均匀的优点，但该方案由于在拱部设置有泄水孔，因此施工期间需要专门设计相应的内部引水系统将水引至边沟或中心排水沟，内排水系统是通过内部环向引水管与泄水孔相连，将拱部所排水引出，如图 6-33 所示。但该方案施工相对其他方案较为复杂。

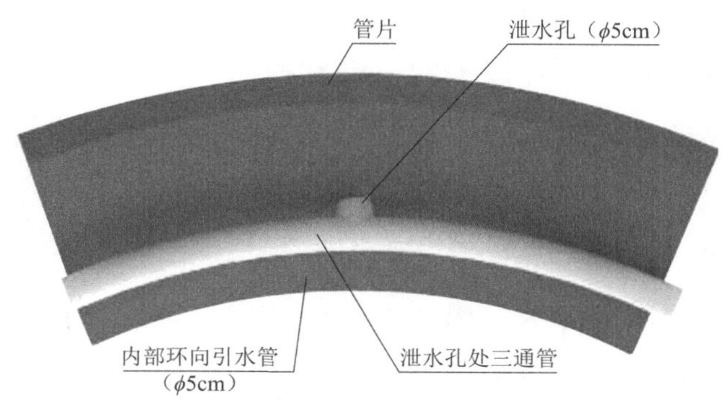


图 6-33　内排水系统局部构造图

（4）深孔泄水型

深孔泄水是通过在管片泄水孔外侧的围岩中打设一定深度的径向泄水孔的方式来达到降水压的目的，该方法在国内锦屏二级水电站引水隧洞以及国外斯堪的纳维亚的 Storebalt 铁路隧道、德国隧道规范中都曾被提出采用。通过计算分析得出，随着泄水孔深度的增加，降水所引发的渗流场变化范围增大，且水压折减增大明显；同时，对于不设置径向泄水孔的条件下，渗流矢量有垂直于衬砌的趋势，而随着径向泄水孔的开设及深度的增加，渗流矢量方向发生改变，且在径向泄水孔边壁位置，渗流矢量垂直于开孔方向。深孔泄水能够明显提高管片的排水率，泄水孔深度较小时，随着径向泄水孔深度的增大而增大，当泄水孔深度达到 2.25$D$（$D$为隧道洞径）时，排水率增大幅度减缓并逐渐趋于平稳，由此可见管片排水率并非随泄水孔深度增大而无限增大，当泄水孔深度超过 2.25$D$时，提高泄水孔深度对排水率的增大作用不明显，因此由本次计算的结果可建议在实际设计当中，泄水孔深度取值可控制在 0～2.25$D$之间。

为了在设计中能够方便快捷地计算不同孔深下的排水率，拟合了随泄水孔深度变化的管片排水率计算公式(6-8)。

$$y=-0.002x^2+0.0544x+0.2613 \tag{6-8}$$

式中：$x$——泄水孔深度。

# 6.4 多雄拉隧道管片水头适应性

## 6.4.1 管片防排水影响因素

管片防排水形式的选择与管片水压承载能力相关，而管片水压承载能力由管片结构自身承载能力与管片接头两大因素控制。管片自身承载能力又受到管片配筋率、管片厚度、混凝土强度等级影响，而管片接头设计是控制张开量指标来保证。

（1）管片厚度

管片承受高水压的条件下，提高管片的厚度是提高管片结构安全性最有效的方式之一。管片厚度越大，管片承压能力也就越强，但在相同洞径下，管片厚度设计应该保持在一个合理的区间内，管片厚度应结合洞径、施工、荷载综合考虑，厚度过大是不科学也是不经济的，因此不可能通过无限地提高管片厚度来提高管片的承载能力。

（2）管片混凝土强度等级

管片承受高水压的条件下，混凝土强度等级是决定管片最终承受多大水压的控制因素之一。管片所采用的混凝土强度等级应根据具体的工程情况进行选择设计，但综合以往工程实例来看，管片采用的混凝土强度等级最低通常为C30，最高为C60。混凝土等级越高，管片所能承受的外水压值也越高。

（3）管片配筋率

管片配筋率是管片的关键设计参数，对管片水压承载力存在一定影响。但配筋率并不是影响管片最终承载力的核心因素。

（4）管片接头张开量

隧道衬砌结构是由管片体通过管片间接头相互连接而成，接头既影响着管片内力传递分布又要承担自身力学作用和防水作用，接头在外水压作用下在两管片之间受到弯矩轴力作用，会产生一定的张开角，而接头最大张开量是控制接头防水的关键性参数。

以上四大主要因素综合决定了管片最终的水压承载力，下文将借助有限元软件 ANSYS，建立荷载-结构模型，分别对以上各因素进行详细分析。

## 6.4.2　计算模型及参数取值

以依托工程隧道管片衬砌结构为研究对象，隧道结构外径 8.8m，内径 8.1m，管片环分块形式为4＋2＋1，由 4 块标准块、2 块邻接块和 1 块封顶块组成。基于梁—弹簧计算模型，采用有限元计算软件 ANSYS 进行计算分析，计算采用 5 环管片相连的荷载结构计算模型进行计算，模型建立考虑分块模式，为简化计算拼装方式考虑为通缝拼装。在隧道最底部中轴线上施加水平铰约束，同时对前后两侧环管片在其纵向上的位移进行约束，建立的模型如图 6-34 所示。管片采用梁单元模拟，地层与管片的相互作用采用只承受压力的弹簧单元模拟，环间接头和环内接头采用由接头特征等效的梁单元来模拟，方便提取接头处轴力与弯矩。

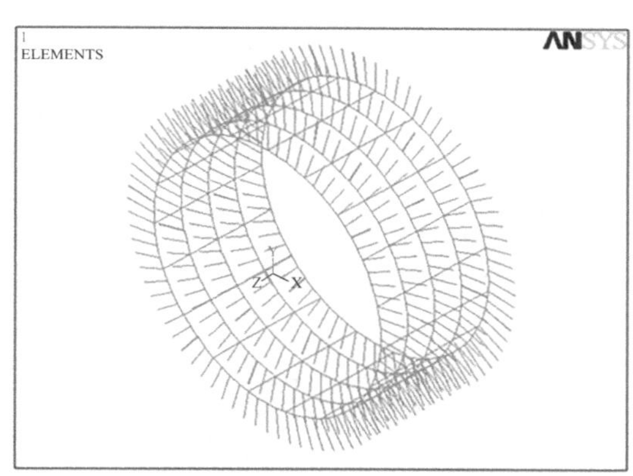


图 6-34　有限元计算模型

计算中各个单元的计算参数见表 6-7。

**管片计算参数取值表**　　表 6-7

| 项目 | 参数 |
|---|---|
| 管片结构幅宽 | 1.8m |
| 管片环间接头刚度 | $4.0\times10^{8}$N · m / Rad |
| 管片环内接头刚度 | 正向抗弯刚度为$5.0\times10^{7}$N · m / Rad |
| | 负向抗弯刚度为$3.0\times10^{7}$N · m / Rad |

## 6.4.3　多雄拉隧道管片水头适应性及防排水分区

通过计算得到多雄拉隧道轻、中、重型管片水头适应性见表 6-8。

多雄拉隧道轻、中、重型管片水头适应性　　表 6-8

<table>
<tr><th>管片类型</th><th>承载能力极限<br>水头高度（m）</th><th>螺栓连接极限<br>水头高度（m）</th><th>管片水头<br>适应性（m）</th></tr>
<tr><td>轻型管片</td><td>26</td><td>56</td><td>26</td></tr>
<tr><td>中型管片</td><td>39</td><td rowspan="2">56</td><td>39</td></tr>
<tr><td>重型管片</td><td>65</td><td>56</td></tr>
</table>

在对多雄拉隧道轻、中、重三种管片自身承载能力极限水头高度和螺栓连接轻度极限水头高度计算的基础上，提出多雄拉隧道的管片结排水分区设计，见表 6-9；所采用的管片形式，如图 6-35 所示。双护盾 TBM 由于其自身的施工特性，改变管片的厚度十分困难，往往只能采用一种厚度的管片。因此，通过加大管片厚度和提高混凝土等级来提升外水头的承载能力是非常不经济的。从管片结构安全性、经济性、合理性综合考虑。

多雄拉隧道管片防排水分区　　表 6-9

| 管片背后水头高度$H$（m） | 防排水形式 |
|---|---|
| $H < 39$ | 全封堵常规性管片 |
| $39 < H < 56$ | 全封堵加强型管片或泄水型管片 |
| $H > 56$ | 泄水型管片 |

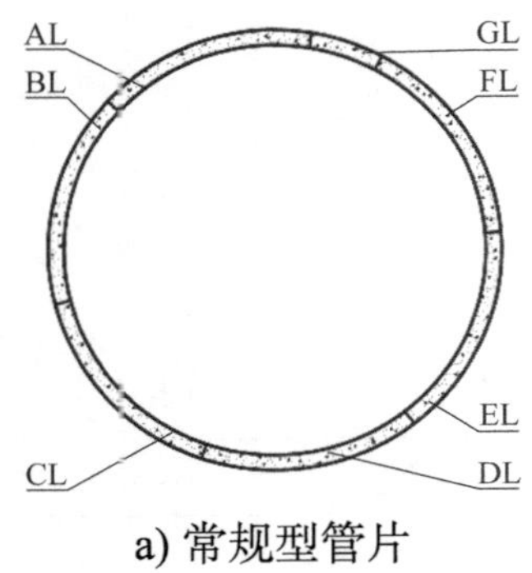

a) 常规型管片

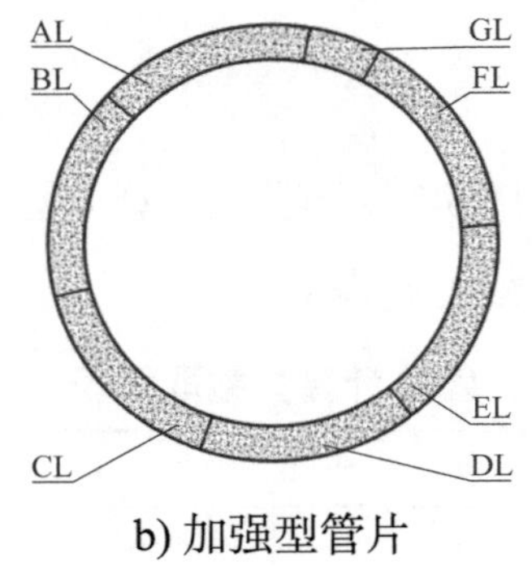

b) 加强型管片

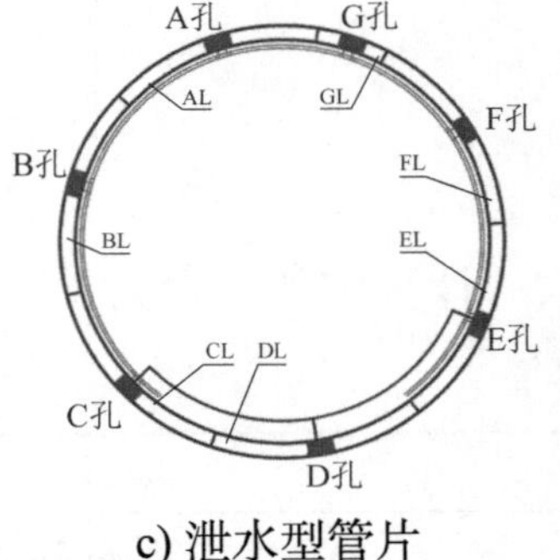

c) 泄水型管片

图 6-35　三种管片形式

# 第7章　双护盾 TBM 隧道管片错台对结构受力影响及动态排版技术

管片错台会引起管片受力不均、出现轴向偏心等情况，从而降低管片的整体性和承载能力；同时，也会因止水条失效而降低管片的抗渗、防水性能。对现有双护盾 TBM 隧道管片拼装质量调研后发现，管片错台通常伴随着开裂的发生，是影响隧道结构质量的主要因素。本章主要详细介绍错台对结构受力的影响，以及双护盾 TBM 动态排版技术。

## 7.1　双护盾 TBM 隧道管片错台对结构影响分析

### 7.1.1　错台对管片受力影响数值计算分析

（1）计算工况

计算分析工况见表 7-1，计算仅考虑由管片拼装不当引起的错台。

**数值模拟计算工况**　　表 7-1

| 计算工况 | 计算边界条件 |
| --- | --- |
| 错台 | 液压缸无偏移，正常掘进，错台 5cm |
| | 液压缸无偏移，正常掘进，错台 7cm |

（2）计算模型

双护盾 TBM 隧道管片安装后，管底范围将填水泥砂浆，其余部位与围岩空隙间的豆粒石回填将滞后盾尾约 14 环，除管底外其余部位均与围岩未发生接触。考虑 TBM 掘进 7 环的时间为 2.5～3h，管底水泥砂浆强度较低，且本次主要分析拼装工艺的影响引起不同结构受力变形，故暂不考虑管底围岩的影响。

计算采用选用大型有限元软件 ANSYS 进行建模分析，计算模型如图 7-1 所示。本模型建立了离盾尾最近 7 环管片，混凝土管片采用 SOLID65 单元模拟，此单元常用于含钢筋或不含钢筋的三维实体模型，可模拟脆性材料的压缩和开裂。管片纵、环向连接均采用等效刚度的弹簧单元建立联系，环间接头刚度$K_s = 4.0 \times 10^8 \times 10^7 \mathrm{N \cdot m / Rad}$；环内接头刚度正向抗弯刚度取$5.0 \times 10^7 \mathrm{N \cdot m/Rad}$，负向抗弯刚度取$3.0 \times 10^7 \mathrm{N \cdot m/Rad}$。结合管片实际受力状态，在远离推力作用面的管片端面假设为$Z$方向固定端。

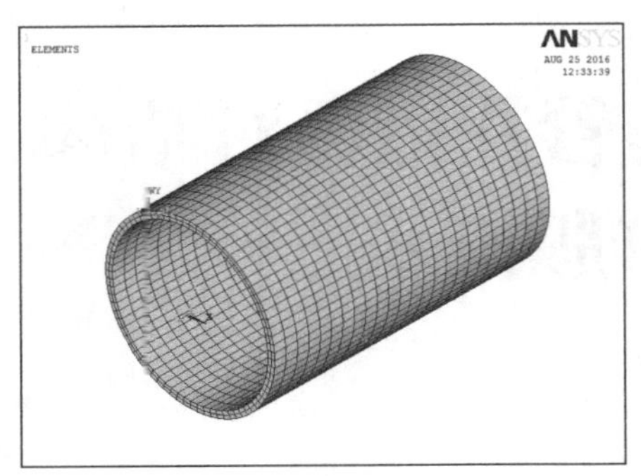


图 7-1 计算模型示意图

（3）计算结果分析

管片错台工况下拱部应力云图如图 7-2 所示，各块最大拉应力如图 7-3 所示。由计算结果可知：错台对管片结构受力影响较大，整体上拉应力值在拱部及两侧拱肩、拱腰处比仰拱处大。管片错台 5cm，最大拉应力为 1.66MPa，位于隧道拱顶右侧部位；结构受力虽已处于不利状态，但最大拉应力小于极限值，故管片不发生开裂。管片错台 7cm，最大拉应力为 1.93MPa，位于隧道拱顶右拱肩部位；管片拱腰以上部位拉应力急剧增加，右拱肩处 2～3 点位置拉应力大于极限值，此处管片易发生开裂。

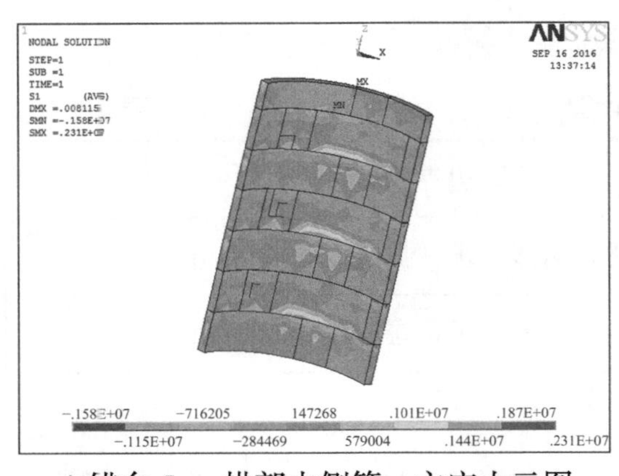


a) 错台 5cm 拱部内侧第一主应力云图

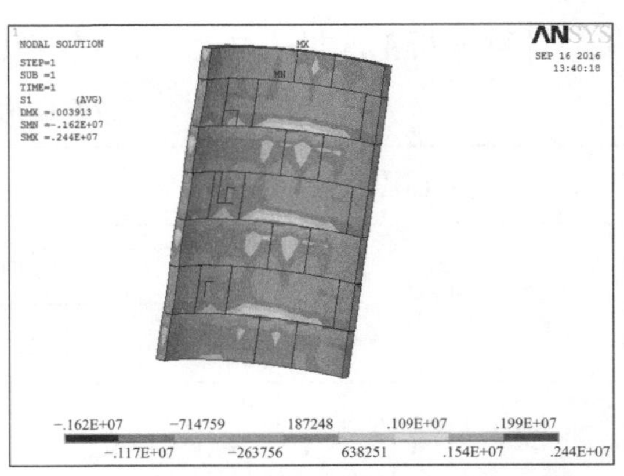


b) 错台 7cm 拱部内侧第一主应力云图

图 7-2 错台位移下管片各部分应力云图

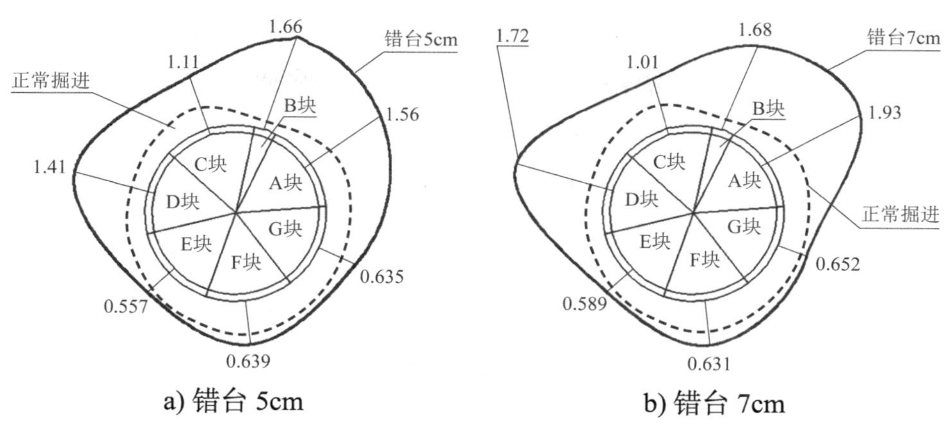


a) 错台 5cm　　　　b) 错台 7cm

图 7-3　错台工况下管片各块最大拉应力（单位：MPa）

（4）计算分析结论

错台对管片结构受力影响较大，整体上拉应力值在拱部及两侧拱肩、拱腰处比仰拱处大。管片纵向错台超过 7cm 时，容易引起管片拱部附近开裂。

## 7.1.2　双护盾 TBM 管片错台模型试验

为进一步研究错台对管片结构受力的影响规律，依托工程多雄拉隧道管片参数进行了管片错台模型试验。试验在专门制作的台架式管片错台模型试验装置内进行，如图 7-4 所示。

a) 试验加载装置

b) 试验数据测试系统

图 7-4　管片错台模型试验装置

管片混凝土采用水和石膏配比的材料，通过预制加工浇筑的方法模拟。围岩材料相似材料采用重晶石粉、石英砂、石膏粉、机油制备。豆砾石回填层模型相似材料选择粗砂来模拟。管片纵向接头模拟：由于在实际工程中，管片纵向环间接头错动很小，故在试验中可将管片接头的径向抗剪刚度和切向抗剪刚度取偏安全的无穷大，即认为各环管片在纵向接头处不产生错动，这样会使试验结果较实际的内力稍大，但不会产生较大的误差。管片环向接头的模拟：采用目前比较广泛使用的管片割槽方式模拟，具体做法是，在管片上设有接头的部位割开一定深度的槽缝，弱化该部位的抗弯刚度，槽缝深度依据与原型接头抗弯刚度$K_\theta$等效量值的原则设置。试验主要考虑错台位置、不同的错台组合及是否有豆砾石层 3 个因素，共设计了 4 种工况，具体试验工况见表 7-2。

**试验工况** 表 7-2

| 试验工况 | 错台条件 | 豆砾石层状态 |
|---|---|---|
| 1 | 无错台 | 不考虑 |
| 2 | 封顶块错台 | 不考虑 |
| 3 | 封顶块、标准块错台 | 无豆砾石回填层 |
| 4 | 封顶块、标准块错台 | 有豆砾石回填层 |

通过对四种试验工况试验结果进行整理，分析不同工况下管片结构受力、变形、破坏特征；再通过不同工况对比，探明了以下错台对管片结构受力特性及豆砾石层对错台管片结构受力特性的影响规律。

（1）错台对管片结构受力特性影响

试验结果进一步验证了错台位置附近管片结构受力形成了一定程度的应力集中，使错台块结构的受力变得不利，容易使结构发生破坏。管片错台会增大管片的变形，同时改变管片封顶块的变形方向：无错台时，是向轴心外变形；有错台时，变为向轴心内变形。此外，管片错台加剧了结构的破坏程度：在无错台工况下，模型管片的裂缝数量为 2 条，最大宽度为 2mm；在有错台工况下，模型管片的裂缝数量增加到了 3 条，最大裂缝宽度也增加到了 3mm，裂缝数量也由无错台时的 2 条变为有错台时的 4 条。

（2）豆砾石层对错台管片结构受力特性影响

通过试验分析发现，豆砾石层可以改善管片错台造成的应力集中，从而使管片结构整体受力状态得到优化。错台管片在无豆砾石填充层工况下，管片结构弯矩大于有豆砾石填充层工况；在结构变形方面，错台管片在无豆砾石填充层工况下，管片的变形值大于有豆砾石填充层工况；同时，管片最先发生的破坏的位置也不相同，无豆砾石填充层时，错台位置最先发生破坏；有豆砾石填充层时，拱顶位置最先发生破坏。

## 7.2　多雄拉隧道管片拼装错台统计

管片错台可分为纵向管片环错台、环向管片间错台，多雄拉隧道现场错台量统计结果如图 7-5 所示。

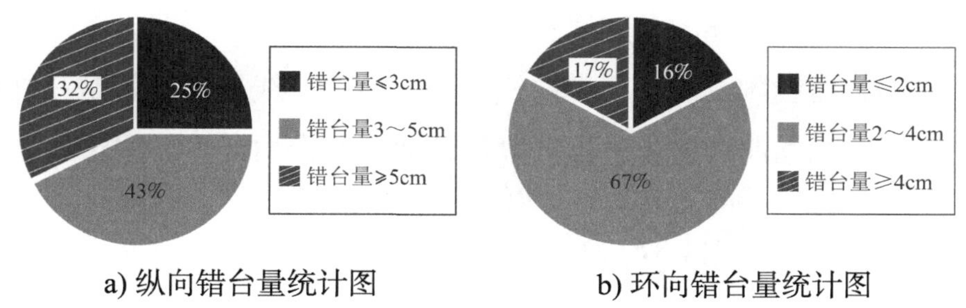


a) 纵向错台量统计图　　b) 环向错台量统计图

图 7-5　错台量统计图

由图 7-5 可知：纵向错台发生部位集中在拱部区域，环向错台主要发生在封顶块和临接块部分。纵向错台量总体大于环向错台量，最大纵向错台量为 8cm，最大环向错台量 7cm。管片纵向错台中，43%的错台量为 3～5cm，32%的错台量为 5cm 以上。管片环向错台中，67%的错台量为 2～4cm；17%的错台量超过 4cm。

## 7.3　双护盾 TBM 隧道管片动态排版技术

提高双护盾 TBM 拼装质量采用动态排版技术，是减少管片错台有效措施。双护盾 TBM 排版主要涉及隧道设计轴线三维建模方法和管片排版计算方法两个方面的内容。

### 7.3.1　隧道轴线三维解算

隧道的设计轴线是由直线、圆曲线和缓和曲线组合而成，指导工程的施工。实际施工中是由一系列的管片连接来拟合隧道设计轴线。然而，成环隧道轴线与隧道设计轴线不能完全吻合，必然存在一定的偏差，而偏差控制的好坏将影响到最终隧道的完成质量。偏差控制主要通过选择合理的管片排版方案来实现。

同时，已成环管片是 TBM 推进的后座支点，合理的管片排版会有助于盾构机沿着隧道设计轴线（DTA）推进和控制 TBM 机位姿态相对 DTA 的偏差。

隧道的设计轴线可分解为平面线形与纵面线形来分别计算。平面线形是指在水平面上的投影形状；纵面线形是指在纵剖面上的投影形状。但是需要注意的是：平面线形和纵面线形在设计时，给出条件中的里程值都是三维空间里的里程值。隧道平面线形坐标计算分为直线、圆曲线、缓和曲线三种平面线形的坐标解算；纵面线形描述的是隧道在高度方向的起伏变化情况，纵面曲线的线形有直线段和圆曲线段，没有缓和曲线。纵剖面上的线形长度就是三维空间上的里程值。直线和圆曲线上点坐标可以用平面曲线中的计算方法求得。

### 7.3.2　管片排版计算方法

TBM 每步前行的距离等于一环管片宽度。管片的拼装是首尾相接连续的排列，当前环的末端面与下一环首端面相接，两者轴线方向一致。通过前面建立的单环管片的坐标系，分析多环管片的排版过程，进而描述一系列管片的拼装信息。

连续数环拼装成型的管片组中两端的为首尾环管片，其余为中间环管片。中间环管片与首尾环管片在进行排版计算时略有区别。隧道设计轴线三维解算及管片排版计算方法详细内容在参考文献[32]中有详细的描述，本书不再赘述。

### 7.3.3　管片拼装动态调整技术

随着双护盾 TBM 掘进机的向前掘进，管片拼装过程同时进行。影响管片拼装质量主要由六大因素，分别为楔形量、管片宽度、管片拼装点位、管片最小旋转角度、液压缸行程差、盾尾间隙，如图 7-6 所示。

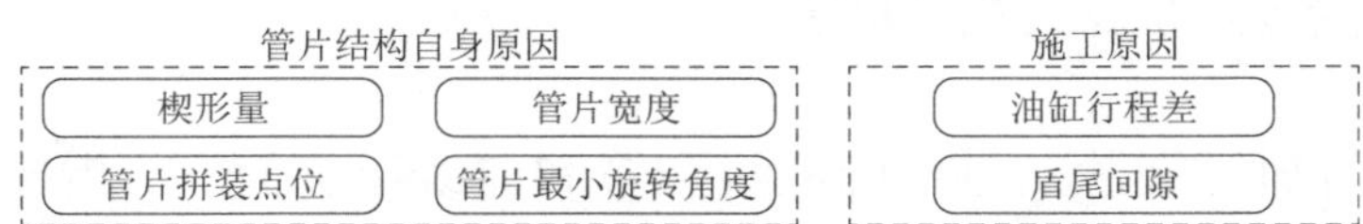


图 7-6　管片动态拼装影响因素

（1）管片宽度

随着设计、施工经验的成熟，管片宽度有逐渐增大的趋势。与传统的环宽

1.0m 或 1.2m 的管片相比，采用宽度 2m 的管片具有以下优势：可减少管片环数，减少管片模具的生产循环数，从而可延长模具的使用寿命；增大每环管片的宽度，提高管片生产制作效率；减少整条隧道的管片拼装时间，提高隧道施工速度；减少隧道拼装接缝，提高隧道的防水质量；减少整条隧道的管片环数，从而可减少环缝连接螺栓、止水条、衬垫的使用量，降低成本。然而，增大管片宽度要受客观条件和施工水平的限制。管片宽度越大，要求双护盾 TBM 掘进机千斤顶的行程也越大。在小半径曲线上，2m 宽的管片比 1.2m、1.5m 宽管片的轴线拟合误差大，施工难度也有一定的增加。

（2）楔形量

楔形量的大小最起码要能够适应隧道最小转弯半径的要求，隧道最小转弯半径越小，环宽就必须越小，楔形量就必须越大。但如果设计的楔形量过大，施工中很容易造成管片错台，管片成圆度差，不但对管片拼装带来很大困难，更影响隧道的防水和美观。

（3）管片最小旋转角度

由于已拼管片要与后续管片通过纵向螺栓、销钉等连接，纵向连接是环与环之间相对旋转角度的控制因素。纵向连接的布置要求为：纵向连接螺栓必须沿圆周均匀布置；若采用双螺栓形式，则各螺栓组的中心必须沿圆周均匀布置。

由于有纵向连接件的限制，所以管片并不能任意旋转，因为连接件为均匀布置，所以管片旋转角度应为最小角度的整数倍。最小旋转角度在拼装方式一定的情况下，可以取相邻螺栓夹角的最小公倍数作为最小旋转角度。管片的旋转角度必须为管片最小旋转角度的整数倍。

管片结构和隧道线路的拟合实际上就是方向矢量的不断偏转，可供旋转的方向直接与最小旋转角度相关。纵向连接间距越小、最小旋转角度越小，衬砌拼装就越精确、越能实现与理论隧道轴线的最小偏差。

（4）管片的拼装点位

实际拼装过程中，可以根据不同的拼装点位来控制不同方向上的超前量，通过管片的旋转，控制盾构隧道的轴线走向，从而实现隧道的转弯。当需要调向时，管片与上一环相邻管片之间采用“短短相连、长长相连”的方法，这样不断向前延伸，则隧道就能按照预计方向进行调向，并符合设计曲率半径。

（5）盾尾间隙

双护盾 TBM 掘进机在掘进过程中总是有一定的偏移量，这就要求盾壳和管片外表面之间保持一定的空隙，这个空隙称为“盾尾间隙”。

管片选型要兼顾盾尾间隙，如果盾尾间隙过小，则在双护盾 TBM 掘进过程中尾盾与管片发生干扰，轻则加重双护盾 TBM 向前推进的阻力，减缓掘进速度；重则将使管片错台甚至损坏，造成隧道渗漏水或地表沉降。施工中，应该保证盾尾间隙不小于允许的最小间隙。调整盾尾间隙的基本原则是：哪边的盾尾间隙过小，就选择其相反方向的拼装点位。

（6）液压缸行程差

双护盾 TBM 掘进机掘进时，每一个掘进循环中，这 4 组液压缸的行程差值反映了双护盾 TBM 姿态与管片平面之间的空间关系，可以看出下一掘进循环盾尾间隙的变化趋势。如果各组推进液压缸的行程有差异，就会导致管片端面与双护盾 TBM 掘进机行进轴线不垂直。

当各组推进液压缸的行程差值过大时，辅助液压缸的推力就会在管片的径向产生较大的分力，从而影响已拼好的隧道管片，严重的会使已拼装好的管片结构发生破坏。故此，管片的端面应尽量与双护盾 TBM 掘进机轴线垂直，以使 TBM 的辅助液压缸能垂直地顶在管片上，这样可以使管片受力均匀，掘进时不会使管片破损。

以上 6 个因素共同决定了管片的拼装质量，6 个因素之间的关系及计算方法、管片动态选型需要遵循原则、管片动态选型理论，以及实际管片选型的实现方法，在参考文献[33]中有详细的介绍，本书不再赘述。

### 7.3.4 管片预排版工程应用

管片排版受隧道轴线设计、管片设计参数、施工过程控制参数等诸多因素影响，计算非常繁杂，为了快速地处理 TBM 管片拼装的排版问题，需要开发专门的程序。

（1）排版拼装软件开发

根据上述研究基础，并结合依托工程，采用 Visual Basic 作为开发语言，以 AutoCAD 和 CATIA 为平台，进行了管片排版程序的开发。本排版拼装软件程序特点如下：

①主要解决了路线设计参数自动输入，管片信息录入和管片的预拼装。下一步，程序准备解决动态拼装的问题。同时本程序还准备引入 BIM 的概念，将现场实际施工的管片位置信息存入数据库，为后期验收，运营，维护提供可靠信息。

②可以通过读取 dwg 文件，或者专业道路设计软件的后台数据文件生成管片排版需要的路线设计参数。

③管片信息输入较为简单，在程序中采用对话框手动输入。

④程序生成路线、管片参数之后，通过计算，可以生产预排版参数。最后调用 CATIA 作为显示平台，将排版情况进行展示。

（2）排版拼装软件程序

本程序软件界面，如图 7-7 所示。

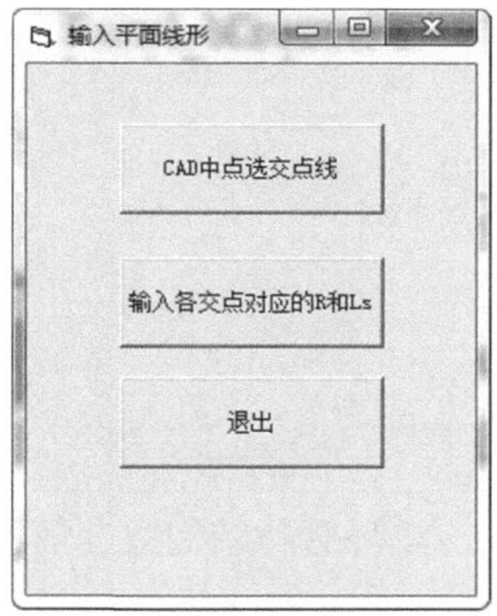


图 7-7　平面线形输入界面

通过 AutoCAD 生成路线设计参数，如图 7-8 所示。

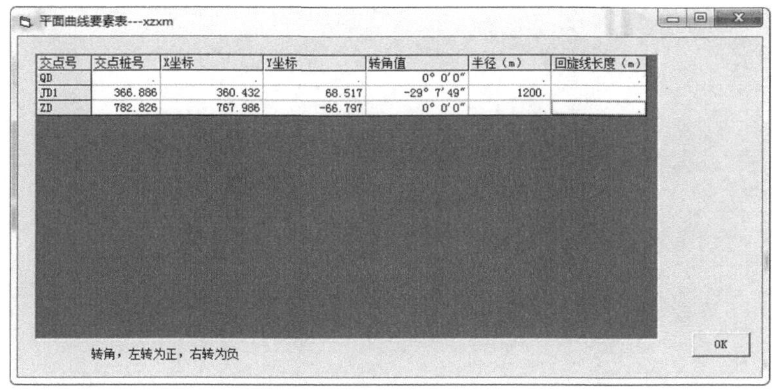


| 交点号 | 交点桩号 | X坐标 | Y坐标 | 转角值 | 半径（m） | 回旋线长度（m） |
|---|---|---|---|---|---|---|
| QD | . | . | . | 0° 0′0″ | . | . |
| JD1 | 366.886 | 360.432 | 68.517 | -29° 7′49″ | 1200. | . |
| ZD | 782.826 | 767.986 | -66.797 | 0° 0′0″ | . | . |



图 7-8　路线设计参数生成

通过软件计算，显示平面曲线要素表，如图 7-9 所示。

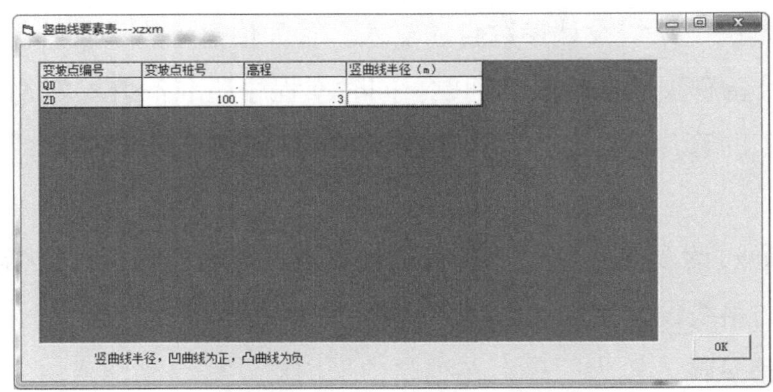


图 7-9　平面曲线要素界面

通过软件内置程序计算，输入单环管片结构数据信息界面，如图 7-10 所示。

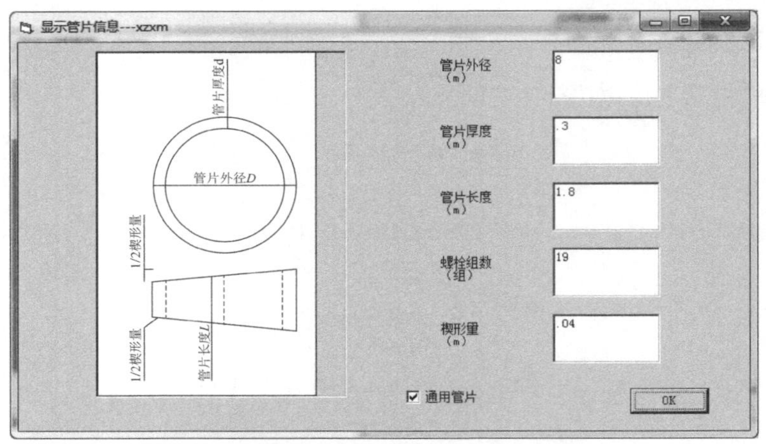


图 7-10　单环管片结构数据信息界面

通过人机交互输入的管片结构计算参数，软件可以自动生成单环管片结构信息，并通过调用可视化软件进行查看。单环管片可视化信息，如图 7-11 所示。

图 7-11　单环管片可视化信息

（3）排版软件计算算例验证

通过排版计算软件，对多雄拉隧道洞身段设计采用平面线形：1200m 曲线半径及直线段；纵面线形采用“人”字坡，进行设计排版计算。通过采用该排版计算软件预排版，生成管片排版方案能满足隧道验收标准要求。模拟排版拼装结果如图 7-12 所示。

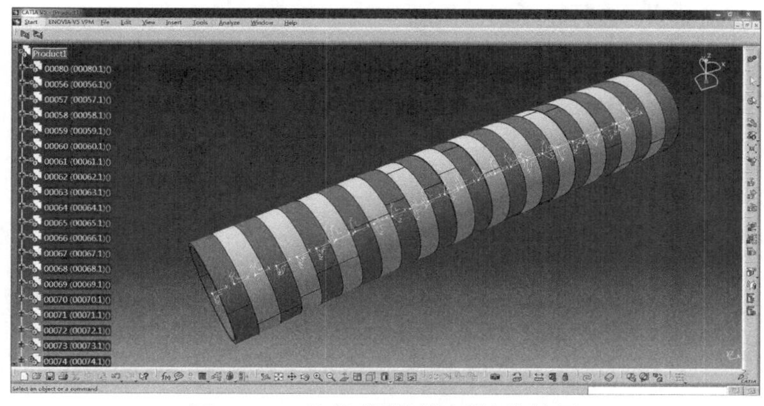

图 7-12　软件模拟排版拼装结果

# 第8章 双护盾 TBM 卡机处置

双护盾 TBM 施工过程中常见的不良地质有断层破碎带、软弱围岩、岩爆、富水地层等。不良地质对双护盾 TBM 隧道工程的成败具有直接而重要的影响。因此，采用双护盾 TBM 施工的隧道工程，需要针对施工过程中可能遇到的不良地质条件进行专门的设计，制订相应的技术措施以降低卡机的风险。本章主要介绍在挤压性围岩、岩爆围岩条件下双护盾 TBM 设计方案。在此基础上，介绍双护盾 TBM 卡机的主要类型、卡机的预防措施及脱困措施，并介绍多雄拉隧道的卡机脱困经验。

## 8.1 不良地质条件下双护盾 TBM 设计方案

### 8.1.1 挤压性围岩安全掘进技术

挤压性围岩的受力和变形均与 TBM 的掘进支护作业密切相关，表现出明显的空间效应；同时，挤压性围岩通常具有明显的流变特性，表现出时间效应。在挤压性围岩中的掘进，由于围岩收敛变形较快，导致在盾尾脱离管片前，围岩与护盾大面积挤压接触。当护盾与围岩之间的摩擦阻力大于最大推力时，导致护盾被卡。双护盾 TBM 护盾被卡分析如图 8-1 所示。

由图 8-1 所示，为避免双护盾 TBM 护盾被卡（可能前护盾被卡，也可能后护盾被卡），需要同时满足以下两个条件：

$$\begin{cases} u_{\mathrm{r}}(L_1, t_1) \leqslant \Delta_1 \\ u_{\mathrm{r}}(L_1 + L_2, t_2) \leqslant \Delta_2 \end{cases} \tag{8-1}$$

式(8-1)中，$u_r$为围岩的纵向变形曲线。由于$L_1$、$L_2$、$\Delta_1$和$\Delta_2$与隧洞开挖尺寸以及护盾几何尺寸相关，对于具体的工程而言均为一常量，故 TBM 护盾是否被卡与开挖围岩经历的时间相关。当式(8-1)左右取等号时，可以分别得到最长时间$t_{1max}$和$t_{2max}$。为避免双护盾 TBM 护盾卡机，所需满足的最小掘进速度为：

$$v_{min} = \max\left\{\frac{L_1}{t_{1max}}, \frac{L_1 + L_2}{t_{2max}}\right\} \tag{8-2}$$

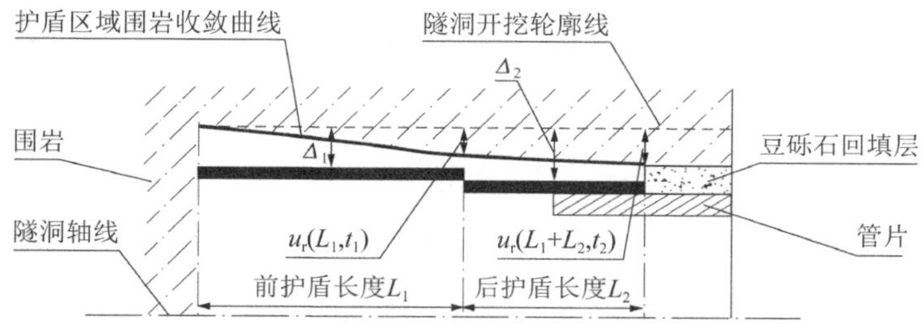

图 8-1 双护盾 TBM 护盾被卡分析示意图

因此，挤压性围岩中安全掘进的关键，是掘进速度需要达到避免护盾和围岩挤压接触的最小掘进速度$v_{min}$。通常通过适当增加扩挖量可延长围岩与护盾接触时间，减小所需的最小掘进速度。当增加扩挖量仍无法满足最小掘进速度要求时，可采取掌子面前方围岩注浆预加固的措施。

### 8.1.2 岩爆围岩段安全掘进技术

TBM 施工对围岩扰动较小，且开挖断面多为圆形，在一定程度上减弱了围岩应力局部集中现象，降低了岩爆发生的可能性。尽管如此，TBM 施工过程中，仍然有岩爆发生。多雄拉隧道最大埋深 820m，根据前期的地应力预测，施工中可能会遇到轻微～中等强度的岩爆。双护盾 TBM 施工中有护盾和管片保护，中等及以下强度岩爆一般不会构成较大威胁，但为了施工安全，仍应针对不同情况制定系统的应对措施。岩爆施工对策如下：

（1）在施工前，针对已有勘测资料，初步确定施工区域地应力的数量级、施工过程中哪些部位及桩号容易出现岩爆现象，优化施工开挖和支护顺序，为施工中岩爆的防治提供初步的理论依据。

（2）对于洞周轻微（I级）岩爆（薄片状破坏，有少量弹射，不造成生产中断）控制主要通过及时、有效的高质量支护系统，具体措施如下：

①TBM 以正常速率掘进，观察掘进参数的变化；

②在已有的刀盘喷水设施的基础上增设喷水设备，增加掘进过程中掌子面喷水量，降低开挖面的岩石温度和脆性，以减少岩爆发生的可能。

（3）对于中等（Ⅱ级）岩爆（劈裂—剪断—弹射，对生产威胁不大），具体施工对策如下：

①调整 TBM 掘进参数，具体参数根据实践经验确定；

②及时对局部出露的岩石及时喷洒高压水，降低岩石强度，增强其塑性、减弱其脆性，以降低岩爆的剧烈程度，同时可以起到降温、除尘的作用。必要时可以用超前钻孔应力解除法来释放部分应力。

（4）对于强烈（Ⅲ级）岩爆或极强（Ⅳ级）岩爆段（劈裂—剪断—弹射，急速发生，几乎全部断面破坏甚至坑道摧毁报废，生产中断），具体施工对策如下：

①人员在安全距离进行躲避，直至岩爆平静；

②重新开始掘进施工时，检查伸缩护盾位置有无可能影响护盾伸缩移动的剥落岩石，如有需及时清除；

③在岩爆地段施工中，首先要由有施工经验的专职安全员来重点监测岩石的状况，施工人员和设备要有必要的防护措施，以确保施工安全。

### 8.1.3 高水压地层安全掘进技术

对国内外相关工程处置措施进行分析研究，形成涌水、渗水处理方案如图 8-2 所示。

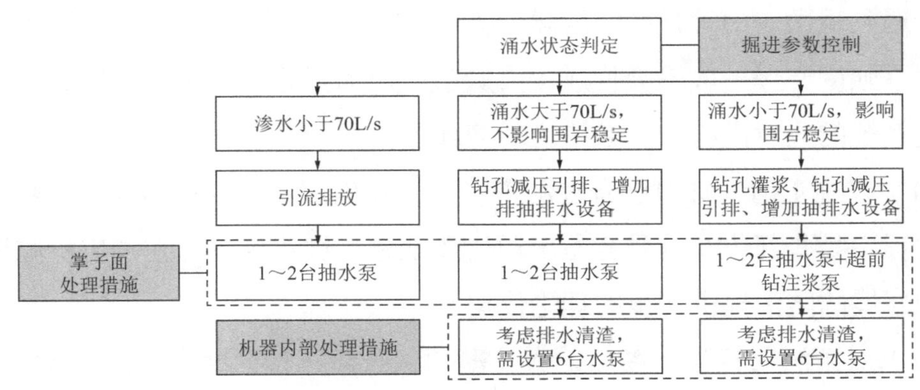


图 8-2　涌水、渗水处理工作流程图

1）钻孔灌浆实施方案

由中国水电集团承建的科卡科多-辛克雷（CCS）水电站位于南美洲厄瓜多尔共和国，是厄瓜多尔最大的水电站。电站总装机容量为 1500MW，其输水隧洞总长度 24.8km，采用两台双护盾 TBM 施工。隧洞穿过的地层岩性以侏罗纪—白垩纪 Misahualli 地层（J-Km）安山岩为主，工程区降雨量大，年均降雨量在 5000mm 左右，且地面多为连续森林和具有高存储水性的土壤覆盖，地下水补给来源丰富，输水隧洞施工过程中，遇到了多次突涌水，最大总量可达到 750L/s，CCS 输水隧洞施工过程中涌水情况如图 8-3 所示。通过采用钻孔灌浆等处理措施，双护盾 TBM 顺利通过了突涌水段，相关处理技术和方法可为类似工程 TBM 施工提供参考。

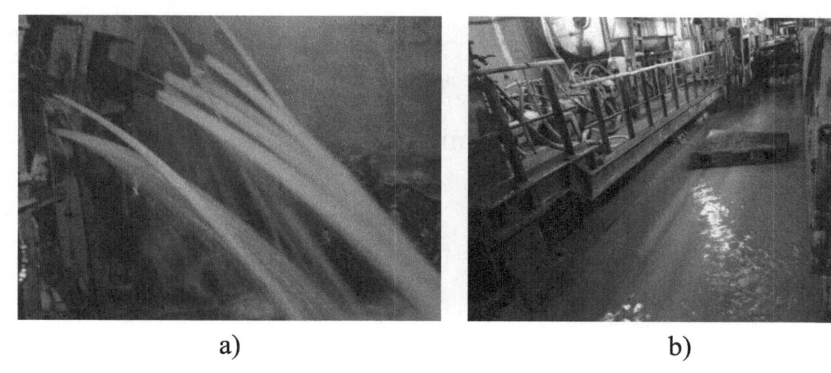

a)　　b)

图 8-3　现场涌水情况

处理技术和方法可为类似工程 TBM 施工提供参考。

（1）注浆方式

注浆设备采用 TBM 配置的超前钻注浆泵，单孔注浆方式采用前进式或全孔一次压入式。前进式和全孔一次压入式注浆示意图分别如图 8-4、图 8-5 所示。

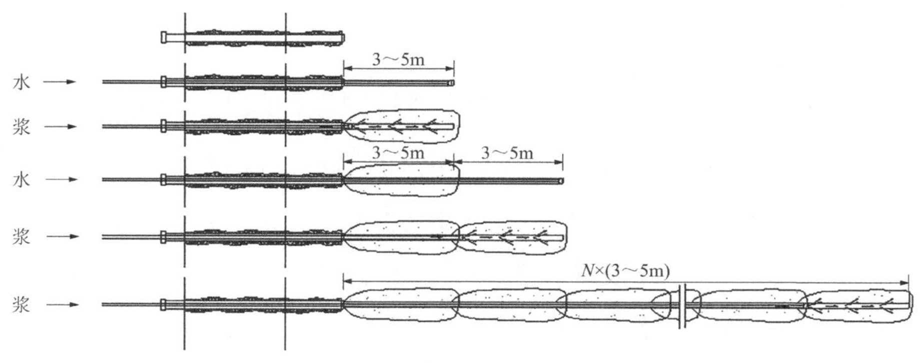


图 8-4　前进式注浆示意图

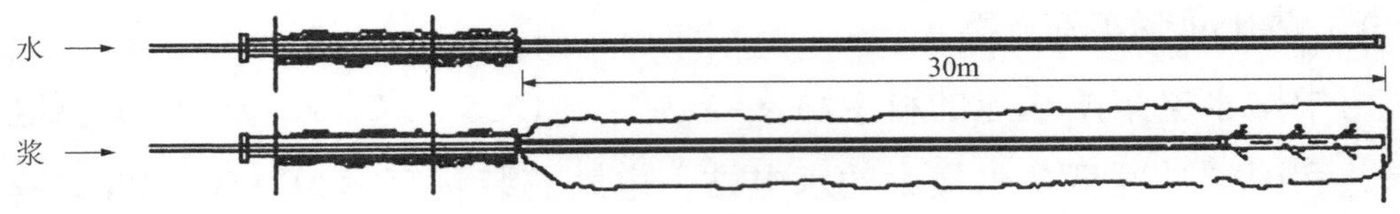


图 8-5　全孔一次压入式注浆示意图

在水压、水量较大的情况下，还可采用分层泄水减压、分层注浆方式。即下层管注浆，中层管放水；中层管注浆，上层管放水，这样逐层抬水，把水排挤到拱顶以上规定的止水固结圈以外。注浆顺序为由下而上，由里向外。

（2）注浆压力

注浆压力一般为地下水静水压力的 2～3 倍，考虑到岩层裂隙阻力，初始压力 3MPa，终压 4～5MPa。单孔浆液扩散半径按 4～5m 控制。

（3）注浆速度

钻孔出水量大于 50L/min 时，注浆速度取 80～100L/min；钻孔出水量等于 0～50L/min 时，注浆速度取 60～80L/min。

（4）浆液浓度

根据涌水量大小，改变速凝剂掺量和水灰比进行灌注。

（5）具体施工步骤

①施工准备

a. 在盾尾及 1 号台车尾部各增加 1 台排水水泵，单台水泵流量 200m$^3$/h，所有水泵抽排水能力达 1000m$^3$/h，管路引至 4 号台车后。

b. 确认超前钻完好，孔内摄像系统，灌浆系统完好。

c. 灌浆材料落实。

c. 确保隧洞排水畅通。

②突涌水预警

CCS 输水隧洞是由于丰富的地下水通过围岩裂隙汇集于断层破碎带而发生的突涌水。TBM 掘进过程中遇断层破碎带前通常出现岩渣的岩性、形态、成分变化，TBM 推力、贯入度等掘进参数变化等征兆。因此，可以利用岩渣形态的变化和掘进参数的差异性波动作为突涌水预警的一种手段。在遇断层破碎带前，可能出现的异常情况如下：

a. 出渣量增大，岩渣规格明显不均，大小悬殊，最大可达50cm × 30cm ×

20cm（正常一般为7cm × 5cm × 3cm），而且岩粉含量降低，有些岩块表面附着钙质薄膜。

b. TBM 推力降低，掘进速度加快。

c. 前后支撑反作用力降低。

d. 如遇塌方，会出现出渣量剧增，有时会出现将输送皮带压住的情况。

③当出现上述征兆现象时，表明前方可能存在断层破碎带并伴随突涌水的发生，须立即采取如下措施：

a. 减少刀头喷水。

b. 降低刀盘转速及 TBM 推力，减少单位时间出渣量。

c. 不停机快速通过，防止塌方，压住机头。

d. 在该区域安装重型管片。

④如果塌方量巨大，将机头压住。需采取脱困模式或者其他工程措施。采取预防措施如下：

a. 在接近错断层前 30m 前，用超前钻钻孔，孔深 50～70m。

b. 确认前方围岩无空腔和大断层，对 TBM 掘进不会造成太大影响，再开始掘进。掘进至钻孔深度前 10m 时，视围岩情况，确认不会对刀盘造成影响的前提下，再次用超前钻钻孔并判断。

c. 如围岩会对 TBM 掘进造成困难。首先沿 TBM 盾尾预留的超前钻孔孔位钻孔，钻孔目的一个是减压排水，一个是灌浆。

d. 注浆设备采用 TBM 配置的超前钻注浆泵，注浆方式采用前进式或全孔一次压入式。在水压、水量较大的情况下，还可采用分层泄水减压、分层注浆方式。即下层管注浆，中层管放水；中层管注浆，上层管放水，这样逐层抬水，把水排挤到拱顶以上规定的止水固结圈以外。注浆顺序、注浆压力和注浆速度采用前面叙述原则，浆液采用聚氨酯化学灌浆，浆液配比为 1 : 1。

e. 灌浆完成后开始掘进，掘进采用单护盾模式。

f. 在灌浆影响带前 10m，停机钻孔检查围岩情况。围岩情况仍不能确保 TBM 通过，继续按 c～e 步骤实施。

g. 在单护盾掘进模式下掘进。

2）增加抽排水设备

除前文所述的钻孔灌浆措施外，目前还采用增加抽排水设备的方式进行渗水处理。主要是在 TBM 伸缩护盾处、后护盾、喂片机尾部位置，分别根据渗水量大小，设置真空抽水泵，进行排水。真空抽水泵设置在掘进机的以下位置。

（1）刀盘处

在刀盘维修前，必须先排空刀盘中的积水和杂物；在刀盘维修期间需要进行不间断抽水。因此，必须在刀盘内设置真空抽水泵。

（2）伸缩护盾处

在掘进期间，伸缩护盾处必须保持 4～5 人和多台真空抽水泵不间断清渣和排水；在 TBM 维护期间，也必须保证 4～5 人不间断清渣和排水。需要说明的是，由于空间限制无法设置更多的设备和人员进行清渣和排水。

（3）后护盾处

若大量的涌水通过护盾与围岩之间的间隙从最后一环管片与尾护盾之间的间隙流入尾护盾，导致无法进行管片安装。无论在掘进期间，还是在维护期间，务必确保在后护盾位置布置真空吸水泵不间断抽水清渣。只有在后护盾抽水完成后，才能进行管片安装。

### 8.1.4　断层破碎带安全掘进技术

在 TBM 的施工过程中，遭遇到较大的破碎带时，经常会伴随大量的塌方，有时还会压住机头，发生卡机事故。依据断层破碎带规模对掘进影响的研究，对断层进行分类，并针对不同规模断层采取不同的施工处理措施。断层分类及施工处理流程图如图 8-6 所示。

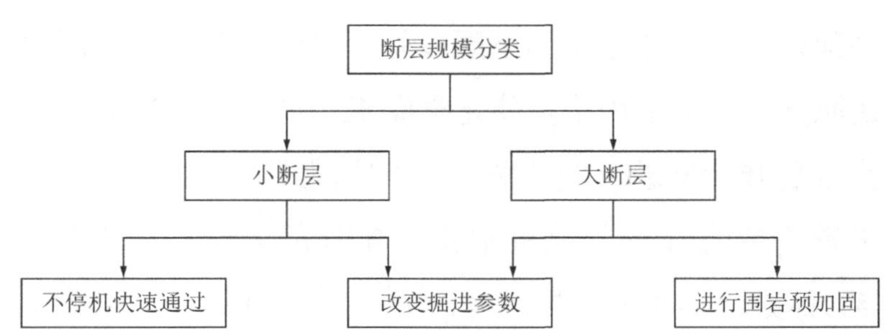


图 8-6　断层破碎带施工处理流程图

不同规模断层破碎带具体处理措施如下所述。

1）小区间的断层（断层小于 30m）处理

小于 30m 宽度的断层，一般事故发生率较低且无严重事故发生，总掘进速度普遍在 15m/d 以上，设备利用率普遍在 30%以上，因此采取的措施如下：

（1）不停机快速通过。

（2）改变掘进参数。

2）大区间的断层（断层大于 50m）及卡机处理

大于 50m 规模的断层，发生一般事故的概率较大，且有可能发生严重事故，总掘进速度较低，因此采取的措施如下：

（1）如果超前地质预报和设计图初步判定为大断层，必须停机进行临时灌浆固结处理。

（2）如因刀盘和盾体围岩坍落造成刀盘不能转动，必须停机对刀盘和盾体围岩进行灌浆固结，然后人工撬挖刀盘周围岩块，以松动刀盘。

（3）如塌方量巨大，将机头和机身压住，可根据现场实际情况确定解决方案。

3）30～50m 范围内断层处理

当断层规模介于小区间断层与大区间断层之间时，考虑到Ⅴ级围岩对掘进事故、掘进速度的影响显著，如查明 30～50m 范围内的断层含有Ⅴ级围岩应按照大区间断层的措施进行处理；不含Ⅴ级围岩时应根据现场实际情况确定解决方案。

（1）围岩预加固

根据地层特点，现场确定钻孔深度、部位等。

①钻孔设备。

采用超前钻进行钻孔。超前钻孔设备如图 8-7 所示。

②灌浆。

设备采用 TBM 自带的化学灌浆泵进行化学灌浆。化学灌浆泵如图 8-8 所示。

化学灌浆的特点是发泡极快，扩散很小，自填充，适用于有水情况和需要快速凝固的场合，其他方法难以代替。

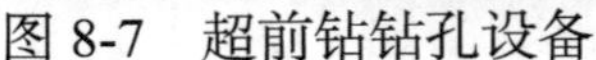
图 8-7　超前钻钻孔设备

图 8-8　化学灌浆泵

a. 化学灌浆材料。

化学灌浆材料采用西卡（SIKA）聚氨酯：PM-200，由白色料和黑色料组成。每桶装 200kg，灌浆按 1∶1 比例灌注。化学灌浆材料技术参数见表 8-1。

**化学灌浆材料技术参数表**　　表 8-1

| 产品特性 | A 组分（Bevedol WF） | B 组分（Bevedan） |
|---|---|---|
| 外观 | 淡黄色液体 | 深褐色液体 |
| 黏度（23±2℃）（MPa·s） | 200～400 | 200～400 |
| 密度（23±2℃）（kg/m$^3$） | 1020±10 | 1230±30 |
| 使用配比（体积比） | 1∶1 | |
| 完全固化时间（23±2℃）（s） | 40±5 | |
| 发泡性能 | 本身不发泡，与水接触会反应发泡 | |
| 最大抗压强度（MPa） | 60～80 | |
| 最大拉伸强度（MPa） | ＞10 | |
| 最大黏结强度（MPa） | ＞5 | |
| 阻燃特性 | 不阻燃 | |

b. 化学灌浆施工工艺。

a）灌浆孔序确定：TBM 通过特殊地质段化学灌浆顺序采用自下而上灌注内环，形成封闭环后，重新造孔进行超前灌注的方式。

b）施工工序：钻孔→冲洗→安装堵塞→连接灌浆枪→注浆→封孔→检查孔钻孔及灌浆→孔位转移。

c）施工工艺：双液注浆工艺布置如图 8-9 所示。

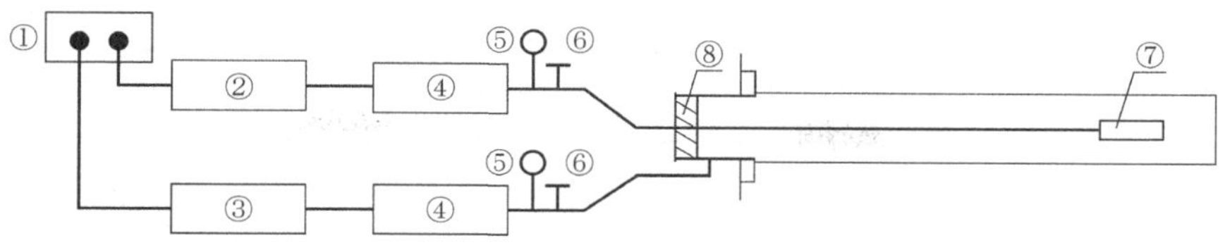


图 8-9　双液注浆工艺布置示意图

①-浆液搅拌站；②-水泥浆池；③-速凝剂池；④-灌浆泵；⑤-压力表；⑥-闸阀；⑦-浆液混合器；⑧-灌浆塞

d) 化学灌浆方法：灌浆压力按现场试验选定，做到在较短时间内，将灌浆压力上升到规定的最大允许压力，以保证灌浆的密实性和增大有效扩散范围。化学灌浆开始灌注以后，要连续灌注，不允许发生中断。在规定的压力下，孔内停止吸浆后结束该孔的灌注。

e) 特殊情况处理及注意事项：开启灌浆系统和阀门，并开始加压，待浆液从排水阀流出后即关闭排水阀门，继续加压进行正常灌浆；操作人员必须穿工作服，戴乳胶手套、防护眼镜等；每次灌浆结束后，必须及时清洗所有设备和管路。

（2）掘进参数控制

断层破碎带掘进参数宜取为以下值：刀盘推力相对Ⅲ级围岩条件下的刀盘推力宜降低 50%，相对Ⅳ级围岩条件下的刀盘推力宜降低 70%；刀盘转速相对Ⅲ级围岩条件下的刀盘转速宜降低 60%，相对Ⅳ级围岩条件下的刀盘转速宜降低 40%。

# 8.2　双护盾 TBM 卡机分类及机理

## 8.2.1　双护盾 TBM 卡机分类

通过对国内外卡机情况调研，对双护盾 TBM 发生卡机的类型进行总结分类。调研发现，双护盾 TBM 卡机类型总体可分为卡刀盘、卡护盾、姿态偏差卡机三类。双护盾 TBM 卡机调研情况见表 8-2。

**国内外部分隧道发生卡机的统计**　　表 8-2

| 隧道名称 | 卡机部位 | 卡机原因 | 卡机表现形式 |
|---|---|---|---|
| 多雄拉隧道 | 护盾段 | 围岩破碎变形过大 | 掘进机无法前行 |
| 中天山隧道 | 护盾段 | 围岩坍塌、变形过大 | 掘进机无法前行 |

续上表

| 隧道名称 | 卡机部位 | 卡机原因 | 卡机表现形式 |
| --- | --- | --- | --- |
| 引洮供水工程 9 号隧洞 | 护盾段 | 具有膨胀性围岩 | 掘进机无法前行 |
| 引红济石调水工程 | 刀盘 | 围岩破碎 | 刀盘转动扭矩过大、带式输送机压死 |
| 万家寨引黄工程隧洞 | 护盾段 | 围岩破碎 | 掘进机无法前行 |
| 昆明上公山隧道 | 护盾段 | 围岩破碎 | 围岩挤压，后护盾变形 |
| 辽宁大伙房输水隧洞 | 刀盘 | 围岩破碎垮塌 | 塌腔砸坏刀盘 |
| CCS 引水工程 | 护盾段 | 围岩破碎垮塌 | 挤压变形使护盾变形 |
| 巴基斯坦引水隧洞 | 刀盘、护盾段 | 围岩破碎、高地应力 | 刀盘被砸、护盾被卡 |
| 青海引大济湟引水隧洞 | 护盾段 | 姿态偏差 | 护盾被卡 |

1）第一种卡机类型：卡刀盘

卡刀盘是 TBM 在施工中由于刀盘被卡住，不能转动，进而导致 TBM 无法前进直至被卡死。

产生卡刀盘原因如下：

（1）掌子面围岩破碎，大块岩体坍塌将刀盘卡死。例如，青海引大济湟调水总干渠工程双护盾 TBM 穿越 F4 与 F5 交叉压密性断层，围岩整体性差，容易塌方，自 2008 年 4 月至今连续发生 9 次 TBM 卡机事件，其中 8 次是由于刀盘在转动时扰动掌子面围岩导致大块围岩坍塌将刀盘与掌子面之间空隙填满，大块岩体与刀盘之间的摩擦力远大于 TBM 刀盘的脱困扭矩，将刀盘卡死。

（2）掌子面突泥涌砂将 TBM 刀盘淹没，致使刀盘无法转动。云南上公山隧道围岩以变质或浅变质的粉砂质板岩（70%）为主，泥质板岩为辅，两者为层状或互层状结构，岩体极其破碎。在 TBM 开挖过程中，掌子面突泥涌砂造成 TBM 刀盘乃至整机被淹没，最终剩余工程采用钻爆法并就地拆机。

2）第二种卡机类型：卡护盾

其中卡护盾主要包括卡前盾、卡支撑盾和卡盾尾 3 种情况。

产生卡护盾原因如下：

（1）造成卡前盾和卡支撑盾的原因相同，主要是在隧洞施工的过程中围岩会发生非常大的变形，此时围岩发生破碎的应力就会作用在盾壳上，导致摩擦阻力产生。当这个摩擦阻力比主推进液压缸的最大推力还要大时，掘进机就会停止前进。前盾卡在一个位置，在最严重的时候，前盾和外伸缩盾之间的连接螺栓都会出现断裂。

（2）卡尾盾的主要原因是在隧洞施工的工程中围岩会不断受到地应力的作用，久而久之由于持续的收敛就会产生变形，使尾盾产生挤压而向内收缩，管片同尾盾是紧挨在一起的，连管片的楔形块都无法进行安装。如果围岩的收敛速度越来越快，管片同围岩就会对尾盾一起进行挤压，这个挤压的力量会将尾盾夹住，最后支撑盾在执行换步时辅推液压缸的压力就会达到极限而没有办法向前移动，如果在这样的状况下，继续对尾盾进行挤压尾盾同支撑盾之间连接的螺栓就会被拉断，出现尾盾同支撑盾脱离的现象。

3）第三种卡机类型：姿态偏差卡机

青海引大济湟引水隧洞在完成第三次脱困后，刀盘前开挖完成 7.5m，TBM 开始往前步进，在步进过程中，由于底部仰拱经水浸泡后已丧失承载力，同时盾壳周边围岩已清理，撑靴未起到有效作用，无法将刀盘抬起，TBM 在掘进中向右下方向栽头；待掘进围岩后，由于 TBM 偏向趋势过大，仍无法有效将刀盘抬起及往左回调；TBM 掘进至 K17 + 117.984 时，其姿态已严重偏离设计位置（刀盘面水平方向偏右 600mm，竖直方向偏下 770mm），较大的姿态偏差导致管片安装困难，且质量较差，致使 TBM 无法继续掘进，同时围岩发生收敛变形，进而造成 TBM 被困。

### 8.2.2　刀盘不能转动情况下的卡机机理分析

1）刀盘不能转动情况下刀盘卡机判据

导致双护盾 TBM 刀盘不能转动被卡的直接原因为刀盘扭矩和电机电流急剧上升，最终导致刀盘无法转动而造成刀盘卡机，由此建立刀盘不能转动情况下刀盘卡机判据。

$$T_{最大扭矩} > T_{总扭矩}：不发生卡机$$

$$T_{最大扭矩} < T_{总扭矩}\text{：发生卡机}$$

式中：$T_{最大扭矩}$——掘进机所能提供的最大扭矩；

$T_{总扭矩}$——掘进机所需要克服的总扭矩。

2）刀盘需克服的总扭矩计算方法

由上述卡机判据可知，判定掘进机是否发生刀盘不能转动情况下刀盘卡机的关键是合理求解刀盘需克服的总扭矩$T_{总扭矩}$的大小，本文主要给出该值的计算方法。刀盘在旋转时，需要克服 3 个方面的力矩：①刀盘前方的摩擦力矩$T_{d1}$；②滚刀的旋转阻力矩$T_{d2}$；③刀盘边缘的摩擦力矩$T_{d3}$。刀盘需克服的总扭矩为：

$$T_x = T_{d1} + T_{d2} + T_{d3} \tag{8-3}$$

（1）刀盘前方摩擦力矩$T_{d1}$计算方法

假定掌子面挤压力$S$平均作用于刀盘面上，那么，刀盘面上的垂直应力$\sigma_{dv}$的表达式为：

$$\sigma_{dv} = \frac{4S}{\pi D^2} \tag{8-4}$$

因此，破碎围岩在刀盘任一点处产生的与刀盘转动方向相反的切向应力为：

$$\sigma_{d1} = \mu_1 \frac{4S}{\pi D^2} \tag{8-5}$$

式中：$\mu_1$——围岩与刀盘的摩擦系数，掌子面前围岩与刀盘的摩擦系数随围岩条件的不同而不同，一般断层破碎带围岩与刀盘的摩擦系数取 0.3。

由于刀盘面与破碎围岩接触产生的总的阻力扭矩为：

$$\begin{aligned} T_{d1} &= \iint_D \sigma_{d1} \cdot dr \cdot r \cdot d\theta \cdot r = \int_0^{2\pi} \left( \int_0^{\frac{D}{2}} \sigma_{d1} r^2 \, dr \right) \cdot d\theta \\ &= \frac{\pi \cdot \sigma_{d1} \cdot D^3}{12} = \frac{\mu_1 \cdot S \cdot D}{3} \end{aligned} \tag{8-6}$$

（2）滚刀的旋转阻力矩$T_{d2}$计算方法

滚刀的旋转阻力矩表达式如下：

$$T_{d2}=\sum_{i=1}^{n}\mu_2F_iR_i \tag{8-7}$$

式中：$\mu_2$——滚刀的阻力系数，一般取 0.15～0.20；

$n$——刀盘上的滚刀数量；

$F_i$——单把滚刀上的作用力；

$R_i$——每把滚刀在刀盘上的回转半径。

（3）刀盘边缘的摩擦力矩$T_{d3}$计算方法

假定刀盘边缘的作用的摩擦应力平均值与刀盘中心的挤压力相同，因此有刀盘边缘的摩擦力矩$T_{d3}$表达式如下：

$$T_{d3}=\frac{4S}{\pi D^2}\frac{D}{2}T_d \tag{8-8}$$

式中：$T_d$——刀盘宽度；

其他符号含义同前。

3）掌子面前方挤压力的确定

由前述可知，计算刀盘需克服的总扭矩时，最关键的是需要确定掌子面塌方形成的掌子面挤压力$S$。掌子面挤压力$S$的计算结合 Horn 的三维楔形体计算模型进行分析。Horn 的三维楔形体计算模型，如图 8-10 所示。

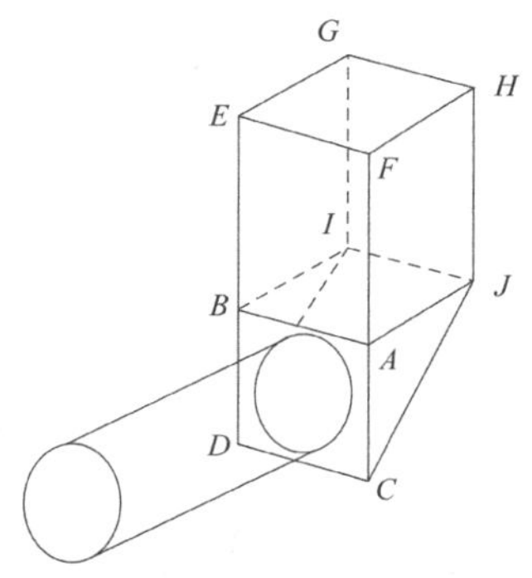


图 8-10　Horn 的三维楔形体计算模型

考虑到掌子面破坏的三维特点，楔形体前端$ABCD$面面积应由隧洞开挖截面进行换算，具体换算图形，如图 8-11 所示。

图 8-11 中，$D$为隧洞开挖直径，$b$为楔形体前端面$ABCD$的边长。在楔形体侧边$BDI$和$ACJ$上，考虑摩擦效应产生的摩擦力。取出楔形体$ABCDJI$，受力分析如图 8-12 所示。

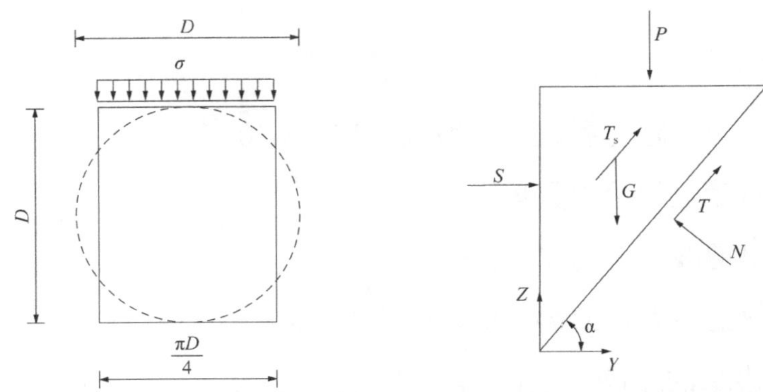


图 8-11　楔形体面与掌子面的换算　图 8-12　掌子面楔形体受力分析图

楔形体上方所受荷载为：

$$P=\sigma A=\sigma\frac{\pi D^2}{4\tan\alpha} \tag{8-9}$$

楔形体自重为：

$$G=\frac{1}{2}\gamma\frac{D^3}{\tan\alpha} \tag{8-10}$$

式中：$\gamma$——楔形体重度。

假定楔形块竖向应力沿深度呈线性分布，可以得到楔形体侧边剪力为：

$$T_{\mathrm{s}}=\frac{D^2}{\tan\alpha}\left(c+K_0\tan\varphi\frac{2\sigma+D\gamma}{3}\right) \tag{8-11}$$

依据摩尔库伦准则，倾斜面上的剪力为：

$$T=N\tan\varphi+c\frac{D^2}{\sin\alpha} \tag{8-12}$$

式中：$N$——倾斜面上的支撑力。

由水平方向和竖向的受力平衡，可以得到掌子面挤压力$S$的表达式：

$$S=\frac{(P+G)\sin\alpha-T-T_{\mathrm{s}}}{\cos\alpha} \tag{8-13}$$

以上各式中的破裂角$\alpha$取值范围为 45º～90º，按最不利条件取值。

### 8.2.3　刀盘可以转动情况下的卡机机理分析

（1）刀盘可以转动情况下刀盘卡机判据

在刀盘可以转动情况下卡机特点为：双护盾 TBM 刀盘虽然依然能够旋转，

但掘进机掘进速度维持在极低水平，甚至掘进机整体不向前移动，动态静止于当前位置。

而造成该种情况的主要原因是：单位时间内围岩内新形成塌方物质体积增加量大于等于带式输送机的输送能力，从而导致掘进机掘进速度降低甚至停止前行的情况发生。因此，建立刀盘可以转动情况下刀盘卡机判据：

$$V_{\text{掘进机}} > V_{\text{围岩}}\text{：不发生卡机}$$

$$V_{\text{掘进机}} < V_{\text{围岩}}\text{：发生卡机}$$

式中：$V_{\text{掘进机}}$——一个管片拼装施工循环内掘进机的带式输送机所能提供最大输送量；

$V_{\text{围岩}}$——该循环内围岩新形成塌方物质体积增加量。

（2）围岩体积增加量$V_{\text{围岩}}$计算方法

由上述卡机判据可知，判定掘进机是否发生刀盘可以转动情况下刀盘卡机的关键是合理求解一个管片拼装施工循环内围岩体积增加量$V_{\text{围岩}}$，因此下文主要给出该值的计算方法。

双护盾 TBM 掘进过程中单位时间内围岩新形成的塌方物质体积与塌方高度和岩体的碎胀性相关。

岩体碎胀特性：采掘或崩落下来的岩石，其整个体积大于它在岩体内的体积。这种体积增大的性质叫作岩体的碎胀特性。岩体的碎胀特性通常用碎胀系数$k$来表示。

$$k = \frac{V_{\text{围岩}}}{V_0} \tag{8-14}$$

式中：$V_{\text{围岩}}$——岩体坍塌松动后的总体积；

$V_0$——岩体松动前的原始体积。对于大多数围岩而言，碎胀系数取为1.3。

岩体松动前的原始体积$V_0$与围岩塌方高度有关，将双护盾 TBM 掌子面前方简化为与水平面垂直等宽的形状，在围岩无法形成稳定塌落拱的情况下，岩体坍塌松动产生的塌方体积，如图 8-13 所示。

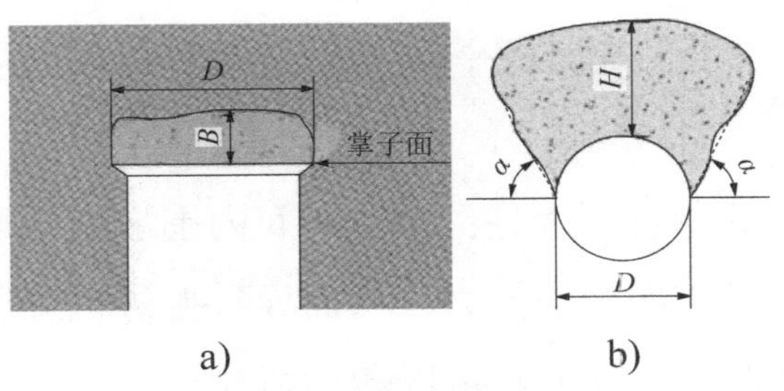


a) b)

图 8-13 断层塌穿型塌方示意图

图 8-13 中的$H$为塌方高度；$D$为隧道开挖直径（m）；$B$为纵向宽度（m），一般取管片环宽度；$\alpha$为围岩滑动角（°），取为 40°。由几何关系可以得到围岩松动前原始体积$V_0$与塌方高度$H$的关系为：

$$V_0 = \left(\frac{2H}{\tan\alpha} + D\right)B \tag{8-15}$$

式中，塌方高度$H$通过统计实例，可按工程经验选取。

结合式(8-12)、式(8-13)，围岩体积增加量$V_{围岩}$的计算表达式为：

$$V_{围岩} = \left(\frac{2H}{\tan\alpha} + D\right)Bk \tag{8-16}$$

式中各参数含义同前。

（3）围岩碎胀、掘进速度与带式输送机输送能力的关系

对于掌子面前方塌腔不稳定的情况（也即是塌穿型塌方的情况），围岩的碎胀量为$\Delta V$，双护盾 TBM 的净掘进速度为$V_J$，带式输送机输送能力为$C_p$，三者存在的平衡关系为：

$$V_J\frac{\pi D^2}{4} = C_P - \frac{\Delta V}{\Delta t} \tag{8-17}$$

$$V_J\frac{\pi D^2}{4} = C_P - \frac{V}{\Delta t}(k-1) \tag{8-18}$$

由上式可知，若带式输送机输送能力$C_p$接近或等于单位时间内断层材料塌方松动而形成的碎胀体积$\frac{V}{\Delta t}(k-1)$，那么上式右边接近或等于 0，也就是指双护盾 TBM 的净掘进速度$V_J$接近或等于 0，这意味着 TBM 向前掘进困难；同时初始塌方高度较小条件下，刀盘所能提供的扭矩大于塌方造成的刀盘阻力矩，因此刀盘依然能转动。

塌方量与塌方高度的关系如下所述。

将上式变换可以得到：

$$V = \frac{1}{K-1}\left(C_{\mathrm{p}} - V_{\mathrm{J}}\frac{\pi D^2}{4}\right)\Delta t \tag{8-19}$$

从断层开始塌方到某一时间点$t_1$截止，总的塌方量$W$可通过对上式积分得到：

$$W = \int_0^{t_1}\frac{1}{K-1}\left(C_{\mathrm{p}} - V_{\mathrm{J}}\frac{\pi D^2}{4}\right)\mathrm{d}t \tag{8-20}$$

将断层简化为与水平面垂直等宽的形状，如果断层材料在无法形成稳定塌落拱的情况下（也即是形成塌穿型塌方的情况下），断层塌方的示意如图 8-14 所示。

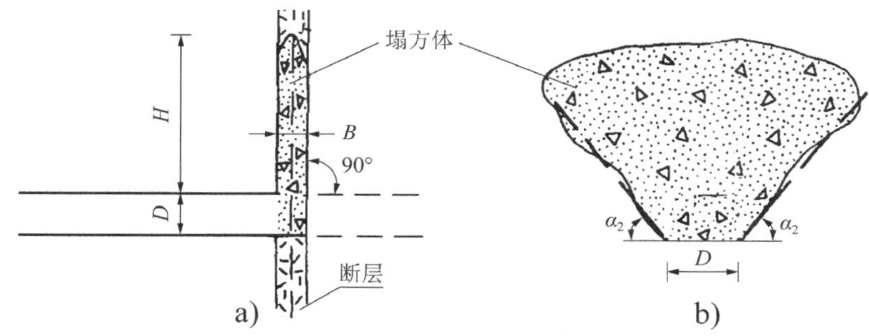


图 8-14　断层塌穿型塌方示意图

图中的$H$为塌方高度；$D$为隧洞开挖直径（m）；$B$为断层宽度（m）；$\alpha_2$为断层的滑动角(°)，取为 40°。由几何关系可以得到塌方量$W$与塌方高度$H$的关系为：

$$H = \left(\frac{W}{D} - D\right)\frac{\tan\alpha_2}{2} \tag{8-21}$$

（4）两种刀盘卡机情况的联系

在刀盘能转动但不能掘进的刀盘卡机情况下，认为双护盾 TBM 的净掘进速度$V_{\mathrm{J}}$为 0，可得：

$$H = \left(\frac{1}{B}\int_0^{t_1}\frac{C_{\mathrm{P}}}{k-1}\mathrm{d}t - D\right)\frac{\tan\alpha_2}{2} \tag{8-22}$$

断层岩塌方高度$H$随着掘进时间$t$的增加而增加。当塌方高度$H$达到一定的高度时，由前述分析可知，三维楔形体上方竖向压力$P$增加，进一步导致掌子面对刀盘的压力$S$增加，最后导致刀盘阻力矩$T_x$大于刀盘所能提供的扭矩，刀盘不能转动。也就是说，刀盘可以转动但双护盾 TBM 不能前进的情况，会随着塌方量的增加发展为刀盘不能转动的卡机事故。

### 8.2.4 双护盾 TBM“卡护盾”引发卡机机理分析

1）双护盾 TBM 卡护盾引发卡机的判据

双护盾 TBM“卡护盾”引发卡机的原因：当护盾周围围岩变形量超过开挖预留变形量时，围岩开始与护盾接触并挤压护盾，进而在 TBM 推进时围岩对护盾产生摩擦阻力，TBM 推力无法克服围岩对护盾产生的摩擦阻力时，TBM 的护盾便被卡塞。

根据上述原因分析可知，TBM 护盾被卡必须要满足两个条件：护盾周围围岩变形量超过开挖预留变形量；TBM 推力不能克服围岩对护盾产生的摩擦阻力。

由此，可以得出双护盾 TBM 引发“卡护盾”卡机类型的卡机判据为：

$$F_{\text{辅推液压缸推力}} > F_{\text{极限前行阻力}}\text{：不发生卡机}$$

$$F_{\text{辅推液压缸推力}} < F_{\text{极限前行阻力}}\text{：发生卡机}$$

2）双护盾 TBM 极限前行阻力计算方法

由上述卡机判据可知，判定掘进机是否发生卡护盾卡机的关键是合理求解双护盾 TBM 极限前行阻力。以下介绍该值的计算方法。

根据双护盾 TBM 掘进过程中的受力分析，$F_{\text{极限前行阻力}}$主要由三部分组成：

$$F_{\text{极限前行阻力}} = F_{\text{f1}} + F_{\text{f2}} + F_{\text{f3}}$$

式中：$F_{\text{f1}}$——护盾摩擦力；

$F_{\text{f2}}$——机器自重产生的摩擦力；

$F_{\text{f3}}$——后配套附属结构自重产生的摩擦力。

（1）护盾摩擦力$F_{\text{f1}}$计算方法

$$F_{\text{f1}} = u_1PA \tag{8-23}$$

式中：$u_1$——围岩与机械摩擦系数，一般取值为 0.45；

$P$——围岩与护盾的挤压接触力；

$A$——围岩与护盾接触面积。围岩与机械间挤压力由第 4 章 4.2 节形变压力计算方法求得。

（2）机器自重摩擦力$F_{f2}$计算方法

$$F_{f2}=u_2G_1 \tag{8-24}$$

式中：$u_2$——机器与围岩摩擦系数，同$u_1$取值；

$G_1$——护盾重量。

（3）后配套附属结构摩擦力$F_{f3}$计算方法

$$F_{f3}=u_3G_2 \tag{8-25}$$

式中：$u_3$——后配套机械与轨道间摩擦系数，一般取值为 0.3；

$G_2$——后配套重量。

## 8.3　基于岩渣形态和掘进参数的双护盾 TBM 卡机预警技术

### 8.3.1　预警评价指标选择和获取

双护盾 TBM 施工时，其掘进参数设定后在均匀稳定围岩中保持相对不变，岩渣形态、块度等也相对恒定，在双护盾全封闭环境下成为窥见围岩的重要环节，围岩的变化往往直接引起转速、进尺、岩渣块度等改变，因而可根据掘进过程中所获取的岩渣信息和掘进参数差异性变化，反推围岩的变化与异常，作为卡机预警的手段之一。该方法引起很多学者的重视。

通过对双护盾 TBM 施作的具体工程岩体质量与岩渣特征和掘进参数的对比统计分析，发现岩体质量的变化在岩渣特征上和掘进参数上都有很大程度的相关性。在岩体完整性较好的洞段岩渣形态普遍以片状为主，而在较破碎洞段，岩渣渣体中块状岩渣的含量明显增加，多为大块状或碎块碎粉状，岩渣形态随岩体质量的变化也出现明显的差异。同时，岩体掘进参数中的总推力、贯入度以及贯推比（贯入度/总推力）也随岩体质量的变化出现明显的波动。在多雄拉隧道出现集中卡机的不良地质洞段中掘进参数和岩渣形态出现了与正常洞段明显的差异性。片状岩渣含量的减少与围岩完整性和围岩强度存在因果关系，也是地质条件不良的明显征兆指标。因此，利用岩渣形态的变化和掘进参数的明显差异性波动可以作为双护盾 TBM 卡机预报的一种手段，可用于卡机预警。

在施工中可以及时对已开挖洞段岩渣特征和掘进参数进行实时分析，将掘进参数和岩渣形态、粒度等数值记录形成随时间、进度的变化曲线，当曲线发生明显差异变化的趋势时及时进行预警，指导施工安全进行。

片状岩渣含量的获取主要是通过施工期对岩渣进行取样分形筛分获取不同时段岩渣中片状岩渣的含量特征。在施工过程中岩渣不间断地由带式输送机向洞外输出，因此，可以随时在掘进过程中对带式输送机上的岩渣进行取样试验分析获取岩渣中片状渣体的含量。为了快速准确地获取片状岩渣的含量，在项目研究过程中也针对岩渣取样和岩渣分形筛选技术进行了专题研究。研发了国家授权发明专利："用于 TBM 掘进过程中的渣体取样装置"。

贯推比的获取主要是基于掘进机操控系统自带的总推力和贯入度机器参数进行简易计算快速获取。TBM 掘进机的机器参数包含总推力和贯入度，而且随掘进开挖可以即时自动获取每个时刻的参数数据。数据每 10s 自动读取记录一次，因此，掘进机每向前掘进 1m，可以产生 200～300 行掘进参数，相当于每掘进 3～5cm 即可以获取 1 组掘进参数，从而形成 1 个贯推比数据。同时，利用设备的通信接口可以便捷下载获取掘进参数。

### 8.3.2 卡机评价判据

为了较为准确地判断围岩级别和对前方灾害进行临灾预警，在基于对片状岩渣含量和贯推比与岩体质量级别关系的基础上，分别提出了片状岩渣含量和贯推比与灾害发生可能的评价判据。

（1）利用片状岩渣含量特征进行预警判据确定

依据多雄拉隧道岩渣形态特征与实际开挖岩体质量之间的关系，利用数据统计分析发现（图 8-15）：岩体质量评分在 35 分以上较好岩体洞段片状岩渣含量普遍在 45%以上，且主要集中在 60%以上；岩体质量较差洞段片状岩渣含量普遍在 20%以下，且主要集中在 10%以下。同时，岩渣中片状岩渣含量的变化过程也反映了岩体质量演化的过程。通过在派墨公路多雄拉隧道中长期对洞渣观察的结果发现：当片状岩渣含量曲线急剧持续降低时，岩体质量会明显变差，当含量降低至 20%以下时，岩体质量级别可能会达到Ⅳ～Ⅴ级，而且不良地质洞段长度和规模往往较大，相应就会可能发生较大规模地质灾害；当片状岩渣

含量曲线局部偶尔降低并马上可以恢复时，岩体质量仅会局部轻微变差，且不良地质洞段规模较小；相反当片状岩渣含量曲线逐步抬升时，岩体质量也会逐渐变好，当含量升高至60%以上时，洞段发生地质灾害的可能性就较小。因此，利用岩渣中片状岩渣含量以及含量过程曲线进行临灾预警的判据见表8-3。

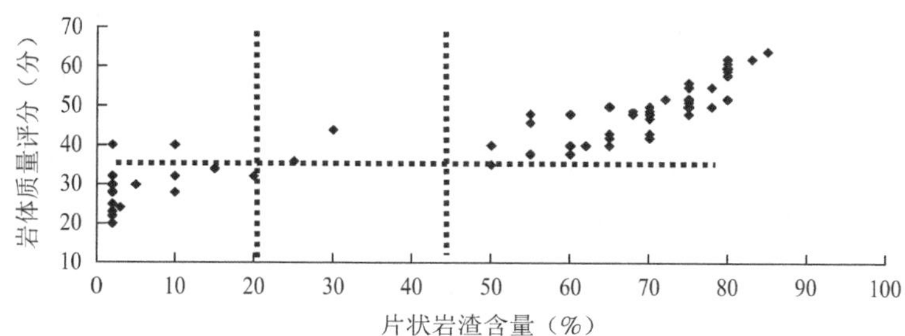


图8-15　片状岩渣含量与岩体质量评分关系图

**片状岩渣含量临灾预警评价判据**　　表8-3

| 评价指标 | | | | 岩体质量级别预测情况 | 灾害可能发生情况 |
|---|---|---|---|---|---|
| 片状岩渣含量曲线变化特征 | 急剧持续下降 | 岩渣含量 | 80%以上 | II～III | 不会发生灾害 |
| | | | 45%～80% | III | 灾害发生可能性小 |
| | | | 20%～45% | IV | 可能发生小规模灾害 |
| | | | 20%以下 | V | 可能发生塌方卡机等严重灾害 |
| | 局部轻微下降 | 岩渣含量 | 80%以上 | II～III | 不会发生灾害 |
| | | | 45%～80% | III | 灾害发生可能性小 |
| | | | 20%～45% | IV | 灾害发生可能性小 |
| | | | 20%以下 | V | 可能发生小规模灾害 |
| | 整体抬升 | 岩渣含量 | 80%以上 | II～III | 不会发生灾害 |
| | | | 45%～80% | III | 不会发生灾害 |
| | | | 20%～45% | IV | 灾害发生可能性小 |
| | | | 20%以下 | V | 可能发生小规模灾害 |

（2）利用贯推比特征进行预警判据确定

为了研究贯推比与实际开挖岩体质量之间的关系，依托多雄拉隧道不同围岩级别，以及卡机等重大地质灾害时的上万条掘进贯入度数据的统计分析发现：Ⅲ级围岩贯推比普遍在 0.4～0.8 之间，Ⅳ级围岩贯推比普遍在 0.8～2 之间，Ⅴ级围岩岩贯推比普遍大于 2。但是，在卡机发生或临近发生时，由于盾体上受围岩压力大，盾体与岩壁之间摩擦力过大，为了向前推进推力往往比正常掘进大得多，然而推力主要是为了克服卡机的侧向摩擦力，从而施加在刀盘上用于破碎岩体的有效推力较小，贯入度也往往急剧减小，甚至在卡机时可以达到无贯入度。在这种情况下贯推比往往很小，经统计发现普遍低于 0.03。同时，根据统计数据预测对于岩体为Ⅰ～Ⅱ级围岩贯推比预计在 0.2～0.4 之间。因此，利用贯推比进行临灾预警的判据如表 8-4 所示。

**利用贯推比临灾预警评价判据** 表 8-4

| 评价指标 | | 岩体质量级别预测情况 | 灾害可能发生情况 |
|---|---|---|---|
| 贯推比 | 0.2～0.4 | Ⅰ～Ⅱ | 不会发生灾害 |
| | 0.4～0.8 | Ⅲ | 不会发生灾害 |
| | 0.8～2 | Ⅳ | 可能发生小规模灾害 |
| | ＞2 | Ⅴ | 小规模灾害可能性大<br>甚至发生大规模灾害 |
| | ＜0.03 | 卡机 | 可能发生塌方卡机等严重灾害 |

### 8.3.3 预警实现方案

由于双护盾 TBM 施工工艺下岩壁暴露十分有限，临灾前难以通过已开挖洞段的详细地质编录进行综合地质类比分析进行灾害预警，因此，临灾预警主要依据双护盾 TBM 施工中易获取并且信息量丰富连续的片状岩渣含量结合掘进参数形成的贯推比进行综合辅助评价和判断。

（1）数据获取和整理

在 TBM 施工掘进过程中对已开挖洞段所有掘进机参数进行及时下载获取，同时，定期不间断对带式输送机岩渣进行取样分形筛选获取片状岩渣的含量数据，也可以在带式输送机上方设置摄像装置和图像分析装置连续获取片状岩渣的含量特征。

基于获取的掘进参数和岩渣中片状含量数据信息进行统计整理。首先，对掘进参数中掘进机初始启动段以及刀盘后退段的空转异常数据进行剔除；接着，选择总推进力和贯入度数据对贯推比进行计算，将总推进力、贯入度、贯推比数据按掘进桩号形成掘进参数曲线；最后，将对应时刻的片状岩渣含量也形成对应桩号的变化曲线。

（2）预警分析评价模型

根据掘进参数曲线和片状岩渣含量曲线进行综合分析评价。首先，对掘进曲线结合评价判据中贯推比的量级和变化趋势特征进行初步评价；同时，结合片状岩渣含量变化曲线形态和片状含量进行综合评价。当两者结论一致时，进行相应判断和对应预警工作；当两者结论不一致时及时进行地质分析，分析不一致的原因并及时加密观察和统计分析频次。具体评价模型操作流程如图 8-16 所示。

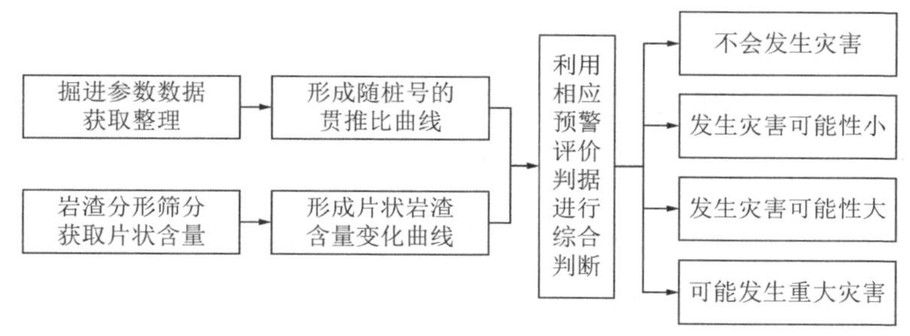


图 8-16　临灾预警模型流程

（3）灾害预警发布

根据预警结果，对发生灾害可能性大尤其是可能发生重大灾害的情况，经现场地质观察并结合中长距离预报手段及短距离预报手段测试成果综合地质分析确认后，应及时发布预警成果。尽快通知相关参建方进行相应处理或调整相应掘进参数以应对可能的灾害。对于不会发生灾害和灾害发生可能性较小的情况，应持续进行相应工作。

## 8.4　双护盾 TBM 卡机脱困措施

TBM 主要用于硬岩地质洞段的施工，在遇到软岩，如泥岩、粉砂质泥岩、砂岩地质等强度较小、遇水膨胀、失水干缩的岩层时，由于塌方严重，常导致

TBM 刀盘卡死，无法掘进，加上泥岩收敛变形及膨胀，导致围岩将护盾“抱死”，造成卡机。卡机时，应针对卡机产生的原因及严重程度采取相应的脱困措施。通过归纳分析，TBM 卡机的脱困方法有以下几种方法。以下结合具体的工程实例说明这些脱困方法的实施过程。

### 8.4.1 化学灌浆法

卡机事故通常与处于构造（断层）破碎带、不良地质有关。在这些不良地质当中，隧道周围岩构造强烈、岩体较为破碎，易坍塌卡住刀盘或护盾导致卡机事故。

针对刀盘前方松散体和护盾上方坍塌松散体，采用灌浆对周围的岩体有较好的固结作用。以引红济石工程为例，说明超前化学灌浆脱困的施工技术。

（1）灌浆材料性能

引红济石工程采用的化学灌浆材料属于聚氨酯类（PUR）和硅酸盐改性聚氨酯类（Silicate Modified PUR）灌浆材料，具有黏度低、凝结时间现场可调控（十几秒到 30～40min）、抗压强度高、压缩变形大（> 50%）、黏结力高、反应特性可调、发泡体韧性大、受压下不破坏、环保无害、阻燃性好等特点，可灌性和渗透性好，在地下工程应用安全可靠。由于隧洞脱困、加固松散体又要求加固后岩体具有一定的强度和整体稳定性，对化学灌浆材料在性能方面有如下要求：

①由于坍塌松散体含水且岩体温度低，为保证加固效果，选择在试验室（室温 23℃）条件下凝结时间为 20s 的浆液，该浆液在洞内 10℃左右恒温条件下，实际反应凝结时间为 40～45s。

②选择 5 倍发泡的浆液，使其在松散破碎层灌注加固节约用量，也能保证有较好的黏结性，并具有较高的抗压强度。

③该产品 A 组分为浅褐色黏稠液体，B 组分为深褐色黏稠液体，A、B 组分按体积比 1∶1 称量包装（以小包装塑料桶包装，A 组分 21kg/桶，B 组分 24kg/桶），现场无须再配制浆液，直接使用。

（2）注浆工艺

化学灌浆的施工工艺流程总体上与普通灌浆一样，化学注浆工艺的特点是可以快速地实现对松散破碎围岩体较深区域内的加固和堵水施工，可以实现自动封孔，专用的封堵器会自动膨胀密闭注浆管与注浆孔的周围缝隙，以确保浆料渗透到附近的松散岩体裂隙中并均匀扩散，直到从一定距离区域的表面开始渗料即可停止注浆，或换孔另注。灌浆技术配套的施工泵及其附属配件可直接从国外引进，是根据工程需要而研制的专用配套设备，实用性强。

## 8.4.2 侧导坑法

侧导坑法适用于无水或少量渗水的小型断层破碎带。根据现场经验，断层破碎带不能超过 TBM 盾壳长度。遇见较大的涌水情况时，可结合超前化学灌浆法进行止水加固。

侧导坑法在盾壳一侧或两侧开孔，人工进入护盾外开挖岩体并施作支护，减小盾壳上部岩体作用在盾壳上的压力。具体方法为：根据 TBM 设备结构的不同，在盾壳上开一个进料方便的宽度 60～80cm 孔洞，并保证不影响盾壳受力结构，根据 TBM 护盾受卡范围，在空间允许的情况下纵向（可以前后进行）开挖。侧导坑法施工，如图 8-17 所示。为了保证开挖人员、设备的安全，必须选取合理的支护参数及架设临时支撑，同时为了防止 TBM 整机上浮，临时支撑垂直于盾壳均匀分布在盾壳上。

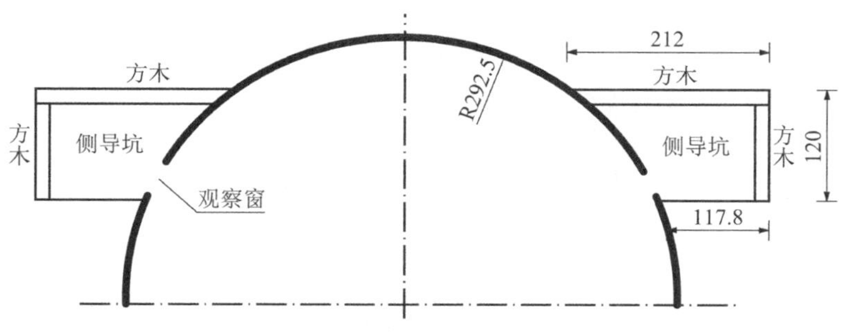


图 8-17　侧导坑法示意图（尺寸单位：cm）

## 8.4.3 辅助坑道法

辅助坑道法适用于规模较大的断层破碎带，可以结合化学灌浆进行有效堵水，但是遇见高埋深、高地应力软弱围岩时则不适用。

以青海引大济湟双护盾 TBM 卡机事故中的脱困措施为例进行介绍。

青海引大济湟双护盾 TBM 在第 6 次卡机后经过专家论证，考虑到此段断层破碎带距离长，采用其他辅助工法无法保证 TBM 顺利脱困。为此，在隧洞里程 K17 + 093.96 处进行辅助坑道进口开口，出口开口里程 K17 + 045.47，绕洞与正洞进出口交角约 40°，绕洞与正洞轴线距离 15m。辅助坑道平面布置，如图 8-18 所示。

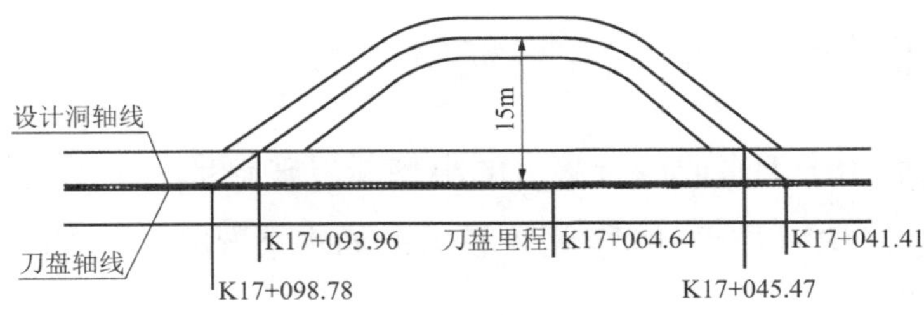


图 8-18　辅助坑道平面布置图

拆除 4 环管片作为辅助坑道进口。管片拆除时采用先拆除中间 2 环，进洞并将洞口锁口支护稳定后，再拆除开口两侧管片。开挖至正洞边墙位置后停止开挖，施作锁口处理。辅助坑道洞身采用城门洞形断面，如图 8-19 所示。根据地质情况采用短台阶法开挖，台阶长 2～3m，前段采用人工手持风镐开挖，进洞 20m 后采用爆破开挖。

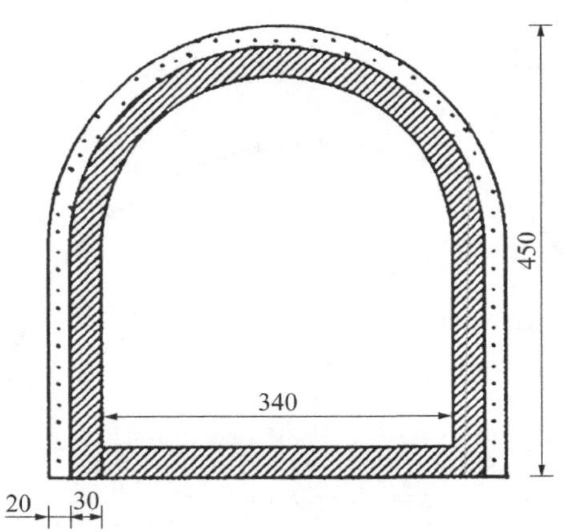


图 8-19　辅助导坑断面图（尺寸单位：cm）

绕洞施工完成后，进行正洞开挖，其中 K17 + 064.39～ K17 + 035 采用鹅蛋形断面，K17 + 035～K16 + 920 采用马蹄形断面，如图 8-20 所示。正洞自刀盘前上断面开挖，上断面通过绕洞出口与正洞交点里程后，自绕洞开挖正洞下断面，交叉口处下断面开挖完成后，分 2 个掌子面同时施工。

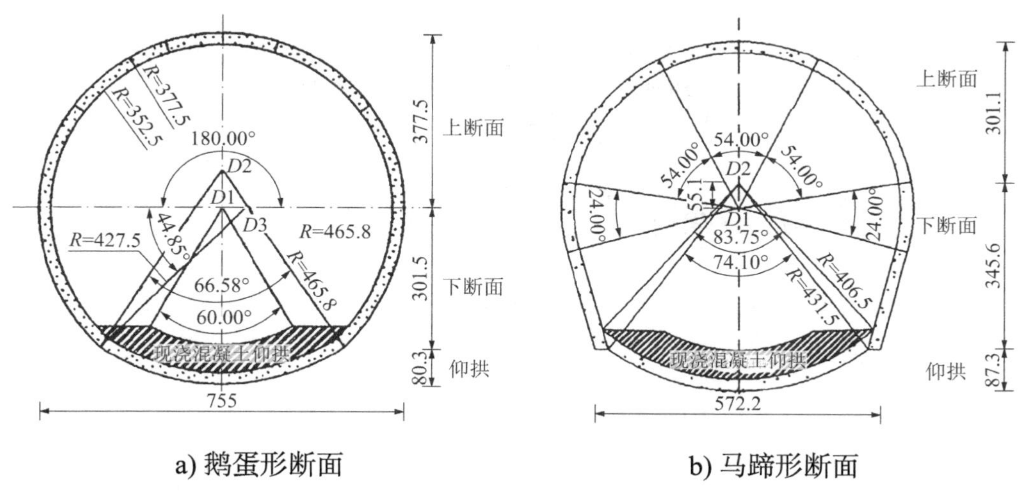


a) 鹅蛋形断面　　　　b) 马蹄形断面

图 8-20　不同断面形式（尺寸单位：cm）

## 8.4.4　扩挖法

在高地应力挤压性围岩及断层破碎带等不良工程地质条件下，隧道开挖后围岩呈现出初始变形速率较大和持续变形的特点。当围岩变形量超过护盾与围岩之间的预留变形量时，护盾受到围岩强烈挤压，将产生较大摩擦阻力，从而导致卡机的发生。对于上述情况，宜采用扩挖法。

## 8.4.5　其他辅助措施

（1）当 TBM 通过膨胀性围岩地段时一定要做好防水止渗工作，要特别注意衬砌管片接缝宽度的控制和止水条安装质量，避免洞内施工用水大量渗漏导致围岩崩解软化。

（2）在遇到溶洞段时，要降低 TBM 掘进速度、仔细跟踪观察开挖中的异常现象，尽可能多地用灌浆充填密实管片和围岩之间的空隙，将机头紧贴掌子面以防下陷或超挖。这些措施对发育直径较小的溶洞地段是有效的。

（3）在通过软塑泥段时，人工将粘在铲斗、装料斗和输送带上的软泥除掉，同时移走一些刀具，使进入到 TBM 中的物质增多，以减轻软泥的粘连。向传送带上喷水将泥冲掉。尽可能多和快地充填管片外环和围岩之间的空隙，使刀头紧贴掌子面以避免机头下沉和超挖。

# 8.5 多雄拉隧道双护盾 TBM 卡机脱困情况及原因分析

## 8.5.1 多雄拉隧道施工过程中卡机情况

多雄拉隧道在 K10＋076～K10＋253 段，先后出现了 4 次双护盾 TBM 卡机事故，其情况统计见表 8-5。

多雄拉隧道双护盾 TBM 卡机情况统计　　表 8-5

| 卡机次数 | 卡机附近桩号 | 卡机时间 | 被卡区域 |
|---|---|---|---|
| 第一次卡机 | K10＋145 | 2016 年 8 月 1 日 | 撑靴盾和尾盾被围岩卡住，围岩收敛致前盾卡住 |
| 第二次卡机 | K10＋209 | 2016 年 8 月 15 日 | 围岩收敛变形，伸缩盾和前盾被卡 |
| 第三次卡机 | K10＋242 | 2016 年 8 月 29 日 | 撑靴盾和尾盾被围岩卡住，掌子面至撑靴盾之间 11～5 点钟方向围岩严重塌方，形成大空腔 |
| 第四次卡机 | K10＋253 | 2016 年 10 月 9 日 | TBM 前盾、伸缩盾被收敛围岩卡住，刀盘前方及主机右侧出现塌方 |

（1）第一次（K10＋145 附近）卡机情况

第一次卡机发生在桩号 K10＋145 附近，在卡机发生前双护盾 TBM 掘进状态发生了明显变化。在掘进至 K10＋81 处（卡机位置前方 64m），掘进速度出现减缓现象，渣体呈大块状，大块状渣体致使出渣带式输送机皮带损坏。掌子面及开挖顶部围岩塌落较为严重，期间通过一段长度 8m 以上的岩粉状的围岩段，伸缩盾到掌子面右侧顶部出现高 3～5m、宽约 6m、长约 12m 的空腔，掌子面右前方出现一深度 30～50cm 空腔，缓慢掘进至 K10＋145 时，出现卡机事故。导致卡机的原因有两方面：一方面围岩收敛过快，导致前盾别卡；另一方面塌落的围岩导致撑靴盾和尾盾被卡住。K10＋145 附近围岩情况如图 8-21～图 8-23 所示。

图 8-21　K10 + 145 伸缩盾顶部围岩情况

图 8-22　K10 + 145 撑靴盾顶部围岩情况

图 8-23　K10 + 145 伸缩盾顶部围岩情况

（2）第二次（K10 + 209 附近）卡机情况

第二次卡机发生在桩号 K10 + 209 附近，在第一次卡机脱困处理结束后，进行缓慢掘进，但掘进至 K10 + 209 时，发现 TBM 在正常掘进过程中撑靴无法实现换步，经检查发现由于围岩收敛变形，导致伸缩盾和前盾被卡，再次发生卡机事故。在 K10 + 209 附近围岩情况如图 8-24～图 8-26 所示。

图 8-24　K10 + 209 伸缩盾左侧围岩

图 8-25　K10 + 209 伸缩盾右侧围岩

图 8-26　K10 + 209 伸缩盾顶部围岩

（3）第三次（K10 + 242 附近）卡机情况

第三次卡机发生在桩号 K10 + 242 附近，该段 TBM 主机（掌子面至撑靴护盾）右侧 11 点方向到 5 点钟方向围岩大面积塌方，空腔平均高度约 5m，长约 12m，宽约 6m，如图 8-27～图 8-29 所示。掌子面右侧塌方造成撑靴盾和尾盾被围岩卡住。

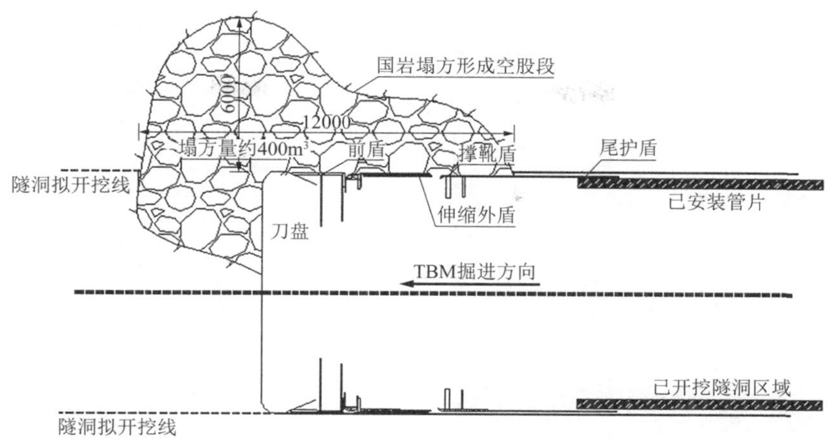


图 8-27　多雄拉隧道 K10 + 242 附近塌方情况平面示意图（尺寸单位：mm）

图 8-28　K10 + 242 掌子面右侧空腔情况

图 8-29　K10 + 242 伸缩盾处塌方岩体

（4）第四次（K10 + 253 附近）卡机情况

第四次卡机发生在桩号 K10 + 253 附近，该段刀盘前方及主机右侧出现塌方，导致 TBM 前盾、伸缩盾被收敛围岩卡住。在 K10 + 253 附近卡机及围岩情况如图 8-30～图 8-33 所示。

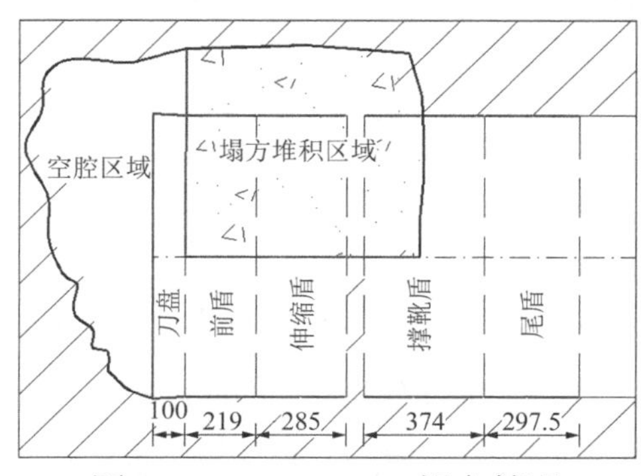


图 8-30　K10 + 253 塌方情况纵向示意图

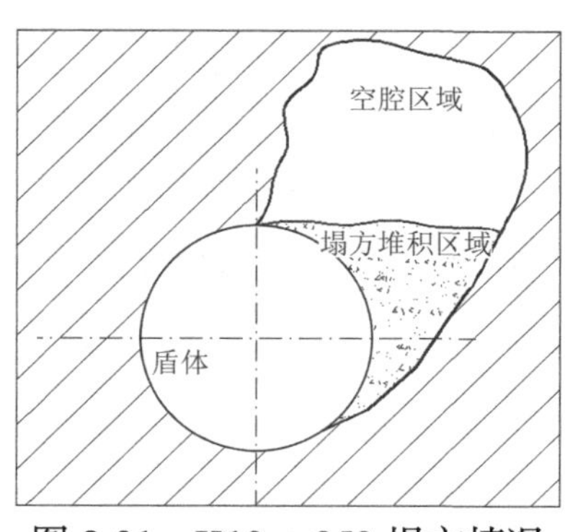


图 8-31　K10 + 253 塌方情况横向示意图

图 8-32　伸缩护盾 12 点至 3 点钟方向塌方岩体

图 8-33　伸缩护盾 9 点钟方向围岩

## 8.5.2　多雄拉隧道双护盾 TBM 卡机脱困情况

多雄拉隧道施工过程中共发生了 4 次双护盾 TBM 卡机，4 次卡机均顺利脱困，最长被卡天数为 39 天，其脱困情况见表 8-6。

**多雄拉隧道双护盾 TBM 卡机脱困情况表**　　表 8-6

| 卡机次数 | 卡机桩号 | 卡机时间 | 脱困时间 | 被卡天数（d） |
|---|---|---|---|---|
| 第一次卡机 | K10 + 145 | 2016 年 8 月 1 日 | 2016 年 8 月 12 日 | 11 |
| 第二次卡机 | K10 + 209 | 2016 年 8 月 15 日 | 2016 年 8 月 25 日 | 10 |
| 第三次卡机 | K10 + 242 | 2016 年 8 月 29 日 | 2016 年 10 月 7 日 | 39 |
| 第四次卡机 | K10 + 253 | 2016 年 10 月 9 日 | 2016 年 10 月 24 日 | 15 |

1）第一次（K10 + 145）卡机和第二次（K10 + 209）卡机脱困处理

第一次和第二次卡机致灾机理大致相同，其主因均为围岩收敛过快，超过双护盾 TBM 预留变形量，围岩与护盾之间的摩擦力增加，导致 TBM 推力不能克服围岩对护盾产生的摩擦阻力从而发生卡机。两次卡机的被卡区域大致相同，均为伸缩盾和前盾被卡，因此两次卡机采取的脱困措施基本一致。

主要措施为：打开伸缩盾，从伸缩盾位置进行前部伸缩盾和前盾外部卡机围岩清理和后部撑靴盾、尾盾外部卡机围岩清理；围岩清理范围为上部 180°，采用导坑领进，预留岩柱扩挖的形式，过程中及时跟进支护施工，如图 8-34、图 8-35 所示。

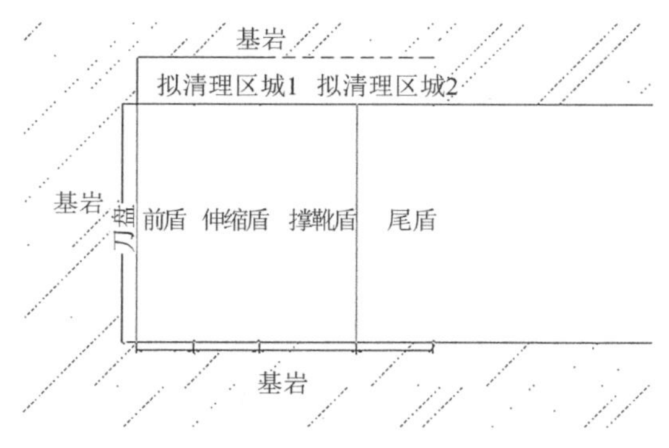


图 8-34　第一次和第二次卡机脱困处理示意图（一）

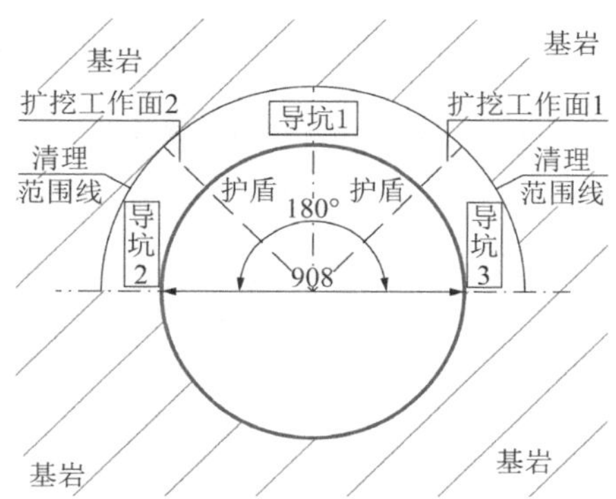


图 8-35　第一次和第二次卡机脱困处理示意图（二）

（1）在撑靴盾顶部、前盾及尾盾部位灌注润滑油脂。

（2）在清理护盾外部围岩，同时灌注润滑油后，采用 TBM 高压模式进行脱困。

2）第三次（K10 + 242 附近）卡机脱困处理

本次卡机是因为掌子面右侧发生较大面积塌方导致刀盘和护盾被卡，其处理措施为：TBM 设备防护→危岩清理→围岩超前支护→卡机围岩清理→TBM 设备维护→TBM 脱困→跨方段后期处理。

（1）卡机围岩清理纵向范围按撑靴盾（3.74m）+ 尾盾（2.97m）进行（分区、分序逐步清理）。导洞钻爆开挖遵循“浅孔、小药量、弱爆破、强支护、多循环”的原则，跟进临时支护。

（2）在清理塌方围岩的同时，做好 TBM 维护保养工作，脱困后确保设备处于性能良好状态。

（3）卡机围岩清理完成后，在撑靴盾顶部、前盾及尾盾部位灌注钠基膨润土。

（4）TBM 脱困工作完成后，快速通过不良地质洞段，并及时进行不良地质洞段塌方空腔回填处理，如图 8-36 所示。

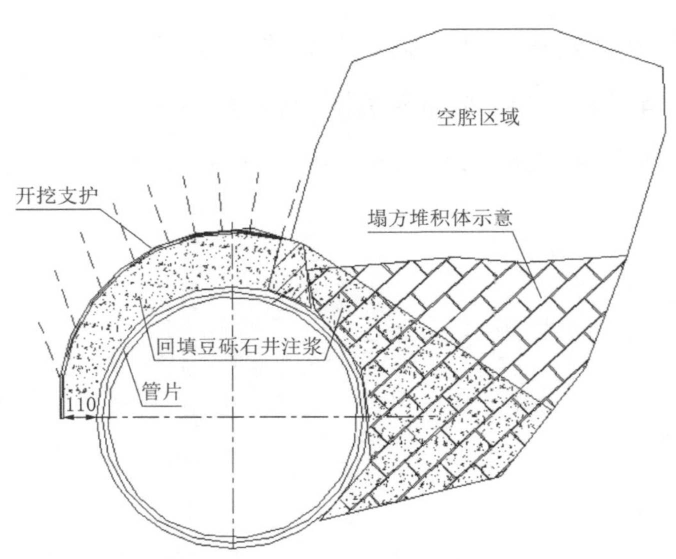


图 8-36　第三次（K10 + 242 附近）卡机塌方回填示意图

3）第四次（K10 + 253 附近）卡机脱困处理

本次卡机与第三次卡机情况类似，也是由于围岩发生较大面积塌方造成的卡机脱困处理措施及步骤为：TBM 设备防护→危岩清理与防护→掏渣清理→TBM 设备维护→TBM 脱困→后期处理。

（1）做好 TBM 安全防护工作，人工持钢钎及风镐自上而下进行盾体外部塌方、掉块及松动危岩清理。

（2）掏渣清理纵向范围按伸缩盾（2.85m）+ 前盾（2.19m）进行（分区、分序逐步清理）。导洞钻爆开挖遵循“浅孔、小药量、弱爆破、强支护、多循环”的原则，跟进临时支护，支护采用20cm × 20cm方木支撑，沿开挖断面井字形布置，纵向间距 50cm，或采用 I20a 工字钢支撑，顶部钢筋网封闭；人工配合机械出渣。

（3）脱困工作完成后快速通过不良地质洞段，并及时进行不良地质洞段塌方空腔回填处理。

## 8.5.3　卡机地段地质及地应力情况

多雄拉隧道施工过程中在 K10 + 076～K10 + 293 发生了 4 次卡机事故，对卡机段地质情况分析发现，该段是隧道的不良地质段，岩性主要以条带状混合岩为主。在 4 次卡机洞段均发现有长英质脉体不同程度发育，其分布位置见

表 8-7，现场长英质脉体情况如图 8-37～图 8-40 所示。

**四次卡机长英质脉体分布情况**　　表 8-7

| 卡机此时 | 卡机桩号 | 长英质脉体分布位置 |
|---|---|---|
| 第一次卡机 | K10 + 145 | 左侧和顶拱部位大范围分布 |
| 第二次卡机 | K10 + 209 | 沿节理裂隙分布或局部条带状分布 |
| 第三次卡机 | K10 + 242 | 沿节理裂隙分布或局部条带状分布 |
| 第四次卡机 | K10 + 253 | 顺右侧边墙大面积分布 |

图 8-37　K10 + 145 卡机位置长英质脉体情况

图 8-38　K10 + 209 卡机位置长英质脉体情况

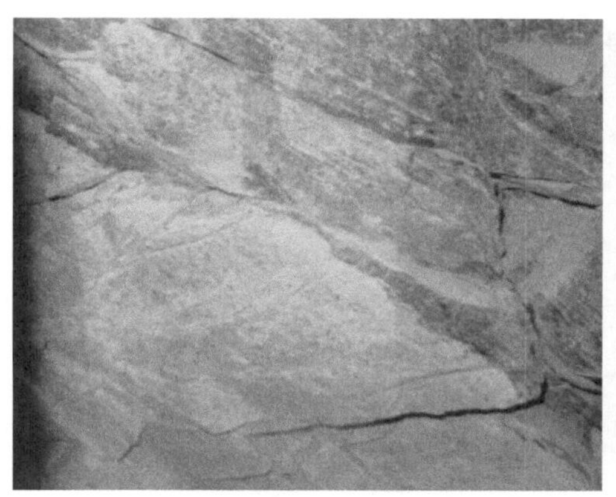

图 8-39　K10 + 242 卡机位置长英质脉体情况

图 8-40　K10 + 253 卡机位置长英质脉体情况

在 K10 + 253（第四次卡机）处发现数条断层，K10 + 145（第一次卡机）附近发现大量碎粉岩、镜面、擦痕等大量断层迹象，推断该段发育有断层构造，但由于受盾体和衬砌管片阻挡未能对该处断层的具体发育性状进行查明。K10 + 209（第二次卡机）、K10 + 242（第三次卡机）处未发现断层迹象，但节理裂隙发育，岩体较破碎。4 次卡机洞段垂直埋深在 600～680m 之间，地应力最大水平主应力可达 28～30MPa，属于高地应力段。

### 8.5.4 多雄拉隧道双护盾 TBM 卡机原因分析

综合分析多雄拉隧道 4 次卡机事故。其主要原因为：断层和围岩节理裂隙等结构面受长英质脉体蚀变作用，强度变低，在高地应力作用下，破碎岩体沿结构面发生滑移，从而造成变形收敛，侵占盾体和开挖岩面之间的间隙，造成围岩与护盾之间的摩擦阻力显著增加，超过 TBM 能够提供的最大推力，导致护盾被卡。此外，受断层及长英质条带状脉体蚀变影响，刀盘附近发生较大规模的塌方，刀盘需要克服的总扭矩大于设备能够提供的最大扭矩，导致刀盘被卡。

多雄拉隧道 4 次卡机的具体原因如下：

第一次和第二次卡机主要是卡护盾导致的卡机，被卡位置主要为盾体。卡机原因主要是围岩收敛过快，使岩体和盾体产生接触，导致 TBM 推力不能克服围岩对护盾产生的摩擦阻力，从而发生卡机。

第三次和第四次卡机是刀盘和护盾同时被卡，导致卡机。被卡位置是刀盘和盾体。卡机原因有两个方面：一方面是刀盘附塌方产生的堆积岩体导致刀盘转动需要克服的总扭矩超过了设备自身可以提供的最大扭矩，从而造成刀盘被卡；另一方面，围岩快速的收敛变形，导致岩体和盾体接触，需要克服的摩擦阻力增加，造成护盾被卡。

# 参考文献

[1] 关宝树. 隧道工程设计要点集[M]. 北京: 人民交通出版社, 2003.

[2] 关宝树. 隧道力学概论[M]. 成都: 西南交通大学出版社, 1993.

[3] 蔡美峰. 岩石力学与工程[M]. 2 版.北京: 科学出版社, 2013.

[4] 郑颖人. 岩土塑性力学原理[M]. 北京: 中国建筑工业出版社, 2002.

[5] 丁大钧, 单炳梓, 马军. 工程塑性力学[M]. 南京: 东南大学出版社, 2007.

[6] 孙钧. 岩土材料流变及其工程应用[M]. 北京: 中国建筑工业出版社, 1999.

[7] 王梦恕. 岩石隧道掘进机(TBM)施工及工程实例[M]. 北京: 中国铁道出版社, 2004.

[8] 王明年, 于丽, 李玉文, 等. 高海拔隧道工程[M]. 北京: 科学出版社, 2019.

[9] 马建, 孙守增, 赵文义, 等. 中国隧道工程学术研究综述: 2015 [J]. 中国公路学报, 2015, 28(5): 1-65.

[10] 铁道部劳动卫生研究所. 铁道行业体力劳动强度分级: TB/T 2607—2006[S]. 北京: 中国铁道出版社, 2006.

[11] 土木学会. 隧道标准规范(盾构篇)及解说[M]. 朱伟, 译. 北京: 中国建筑工业出版社, 2001.

[12] 曾钱帮, 王思敬. 运用 Hoek-Brown 经验准则分析圆形硐室围岩弹塑性应力和位移[J]. 工程地质学报, 2007(06): 757-761.

[13] 陈运平, 王思敬, 王恩志. 岩石应力——应变滞后现象的定量研究[J]. 岩石力学与工程学报, 2007(S2): 4066-4073.

[14] 陈运平, 王思敬, 王恩志. 循环荷载下层理岩石的弹性和衰减各向异性[J]. 岩石力学与工程学报, 2006(11): 2233-2239.

[15] 阎岩, 王恩志, 王思敬, 等. 岩石渗流-流变耦合的试验研究[J]. 岩土力学, 2010, 31(07): 2095-2103. DOI:10.16285/j.rsm.2010.07.047.

[16] 阎岩, 王恩志, 王思敬. 渗流场中岩石流变特性的数值模拟[J]. 岩土力学, 2010, 31(06): 1943-1949. DOI:10.16285/j.rsm.2010.06.012.

[17] 刘晓丽，王恩志，王思敬，等. 裂隙岩体表征方法及岩体水力学特性研究[J]. 岩石力学与工程学报, 2008(09): 1814-1821.

[18] 曾钱帮，王恩志，王思敬. Hoek-Brown 破坏准则求解圆形硐室塑性区半径与修正的芬纳公式比较[J]. 沈阳建筑大学学报(自然科学版), 2008(06): 933-938.

[19] 赵周能，冯夏庭，陈炳瑞. 深埋隧洞 TBM 掘进微震与岩爆活动规律研究[J]. 岩土工程学报, 2017, 39(07): 1206-1215.

[20] 赵周能，冯夏庭，陈炳瑞，等. 深埋隧洞微震活动区与岩爆的相关性研究[J]. 岩土力学, 2013, 34(02): 491-497. DOI:10.16285/j.rsm.2013.02.037.

[21] 冯夏庭，肖亚勋，丰光亮，等. 岩爆孕育过程研究[J]. 岩石力学与工程学报, 2019, 38(04): 649-673. DOI:10.13722/j.cnki.jrme.2019.0103.

[22] 冯夏庭，张传庆，陈炳瑞，等. 岩爆孕育过程的动态调控[J]. 岩石力学与工程学报, 2012, 31(10): 1983-1997.

[23] 冯夏庭，陈炳瑞，明华军，等. 深埋隧洞岩爆孕育规律与机制：即时型岩爆[J]. 岩石力学与工程学报, 2012, 31(03): 433-444.

[24] 冯夏庭，江权，苏国韶. 高应力下硬岩地下工程的稳定性智能分析与动态优化[J]. 岩石力学与工程学报, 2008(07): 1341-1352.

[25] 于洋，冯夏庭，陈炳瑞，等. 深部岩体隧洞即时型岩爆微震震源体积的分形特征研究[J]. 岩土工程学报, 2017, 39(12): 2173-2179.

[26] 郑颖人，阿比尔的. 岩质隧道围岩稳定分析与分级研讨[J]. 现代隧道技术, 2022, 59(01): 1-13. DOI:10.13807/j.cnki.mtt.2022.01.001.

[27] 郑颖人，王永甫. 隧洞围岩稳定分析及其设计方法[J]. 隧道与地下工程灾害防治, 2019, 1(04): 1-12.

[28] 郑颖人，孔亮. 广义塑性力学及其运用[J]. 中国工程科学, 2005(11): 25-40.

[29] 郑颖人. 隧洞破坏机理及设计计算方法[J]. 地下空间与工程学报, 2010, 6(S2): 1521-1532.

[30] 郑颖人，徐浩，王成，等. 隧洞破坏机理及深浅埋分界标准[J]. 浙江大学学报(工学版), 2010, 44(10): 1851-1856, 1875.

[31] 李桐，冯夏庭，王睿，等. 深埋隧道岩爆位置偏转及其微震活动特征[J]. 岩土力学, 2019, 40(07): 2847-2854. DOI:10.16285/j.rsm.2018.0470.

[32] 朱合华，周龙，朱建文. 管片衬砌梁—弹簧广义模型及接头转动非线性模拟[J]. 岩土工程学报, 2019, 41(09): 1581-1590.

[33] 朱合华，黄伯麒，李晓军，等. 盾构衬砌管片接头内力——变形统一模型及试验分析[J]. 岩土工程学报, 2014, 36(12): 2153-2160.

[34] 朱合华，崔茂玉，杨金松. 盾构衬砌管片的设计模型与荷载分布的研究[J]. 岩土工程学报, 2000(02): 190-194.

[35] 朱合华，陶履彬. 盾构隧道衬砌结构受力分析的梁——弹簧系统模型[J]. 岩土力学, 1998(02): 26-32. DOI:10.16285/j.rsm.1998.02.006.

[36] 周龙，朱合华，闫治国，等. 深埋高内水压盾构隧道管片衬砌力学特性足尺试验研究[J]. 土木工程学报, 2022, 55(09): 94-105+117. DOI:10.15951/j.tmgcxb. 21121273.

[37] 熊勇林，朱合华，张升，等. 考虑围压效应的修正软岩热弹黏塑性本构模型[J]. 岩石力学与工程学报, 2016, 35(02): 225-230. DOI:10.13722/j.cnki.jrme.2015.0046.

[38] 曲海锋，杨重存，朱合华，等. 公路隧道围岩压力研究与发展[J]. 地下空间与工程学报, 2007(03): 536-543.

[39] 张世杰，李建国，宋长平，等. 高原体力劳动强度分级标准研究[J]. 中华劳动卫生职业病杂志, 1994(02): 112-114.

[40] 张钢，李鹏，王开发，等. 以相对心率为指标的高原适宜劳动强度评价方法研究[J]. 第三军医大学学报, 2020, 42(09): 948-952. DOI:10.16016/j.1000-5404. 201912008.

[41] 廖斌，高慧，陈泞. 基于相对心率的体力劳动强度评价方法[J]. 中国安全生产科学技术, 2013, 9(04): 166-170.

[42] 于永中，李天麟，王肇滇. 体力活动时心率和耗氧量的关系——劳动强度及劳动强度限度的探讨[J]. 卫生研究, 1979(01): 76-79. DOI:10.19813/j.cnki. weishengyanjiu. 1979.01.011.

[43] 曾钱帮，王恩志，王思敬. 深埋圆形硐室围岩塑性形变压力的广义 Hoek-Brown 破坏准则解及其三元非线性回归模型[J]. 岩石力学与工程学报, 2009, 28(S2): 3543-3549.

[44] 曲海锋，杨重存，朱合华，等. 公路隧道围岩压力研究与发展[J]. 地下空间与工程学报, 2007(03): 536-543.

[45] 王少华，刘泉声，黄兴，等. TBM 掘进中滚刀受力实时监测方法研究[J]. 隧道建设(中英文), 2019, 39(02): 309-316.

[46] 黄兴, 刘泉声, 彭星新, 等. 引大济湟工程 TBM 挤压大变形卡机计算分析与综合防控[J]. 岩土力学, 2017, 38(10): 2962-2972.

[47] 刘泉声, 黄兴, 刘建平, 等. 深部复合地层围岩与 TBM 的相互作用及安全控制[J]. 煤炭学报, 2015, 40(06): 1213-1224.

[48] 黄兴, 潘玉丛, 刘建平, 等. TBM 掘进围岩挤压大变形机理与本构模型[J]. 煤炭学报, 2015, 40(06): 1245-1256.

[49] 刘泉声, 黄兴, 时凯, 等. 深部挤压性地层 TBM 掘进卡机孕育致灾机理[J]. 煤炭学报, 2014, 39(S1): 75-82.

[50] 杜立杰. 中国 TBM 施工技术进展、挑战及对策[J]. 隧道建设, 2017, 37(09): 1063-1075.

[51] 程建龙, 杨圣奇, 李学华, 等. 挤压地层双护盾 TBM 与围岩相互作用影响因素分析[J]. 采矿与安全工程学报, 2016, 33(04): 713-720.

[52] 程建龙, 杨圣奇, 潘玉丛, 等. 挤压地层双护盾 TBM 围岩变形及应力场特征研究[J]. 岩土力学, 2016, 37(S1): 371-380.

[53] 程建龙, 杨圣奇, 李学华, 等. 位移释放率对双护盾 TBM 护盾压力的影响研究[J]. 岩土力学, 2016, 37(05): 1399-1407+1416.

[54] 程建龙, 杨圣奇, 杜立坤, 等. 复合地层中双护盾 TBM 与围岩相互作用机制三维数值模拟研究[J]. 岩石力学与工程学报, 2016, 35(03): 511-523.

[55] 莫海鸿, 邓飞皇, 王军辉. 营运期地铁盾构隧道动力响应分析[J]. 岩石力学与工程学报, 2006(S2): 3507-3512.

[56] 陈炜韬, 姜志毅, 董宇苍, 等. 大直径双护盾 TBM 公路隧道管片分块设计探讨[J]. 铁道科学与工程学报, 2018, 15(01): 170-177.

[57] 陈炜韬, 傅支黔, 马建新. 大直径双护盾 TBM 隧道管片厚度设计研究[J]. 铁道建筑, 2017, 57(10): 60-62.

[58] 邓荣贵, 钟志彬, 陈炜韬, 等. 高地应力区双护盾 TBM 隧道围岩性态即时判示分析[J]. 地下空间与工程学报, 2022, 18(01): 330-340.

[59] 邓荣贵, 钟志彬, 陈炜韬, 等. 高地应力区双护盾 TBM 隧道围岩性态即时判示分析[J]. 地下空间与工程学报, 2022, 18(01): 330-340.

[60] 刘远程, 邓荣贵, 傅支黔, 等. 双护盾 TBM 掘进过程中隧道围岩强度及变形测试研究[J]. 铁道科学与工程学报, 2021, 18(10): 2679-2687. DOI:10.19713/j.cnki. 43-1423/u.

T20201087.

[61] 陈炜韬, 李姝, 张子晗. 双护盾 TBM 隧道施工期管片开裂分析[J]. 隧道建设(中英文), 2020, 40(S2): 50-57.

[62] 傅支黔, 段儒禹, 聂大丰, 等. 不同土质围岩条件下隧底围岩脱空规律与结构受力特征研究[J]. 隧道建设(中英文), 2020, 40(03): 306-315.

[63] 董宇苍. 高地应力典型软岩隧道力学特性及设计方法研究[D]. 成都: 西南交通大学, 2020: 28-37.

[64] 姜志毅. 高地应力挤压性地层双护盾 TBM 管片结构设计方法研究[D]. 成都: 西南交通大学, 2017. 13-30.

[65] 方霖. 高水头双护盾 TBM 隧道泄水式管片设计方法研究[D]. 成都: 西南交通大学, 2019: 13-65.

[66] 田红涛. 基于能量法的岩爆隧道支护体系及其计算模型研究[D]. 成都: 西南交通大学, 2021: 11-45.

[67] 于丽, 方霖, 董宇苍, 等. 基于围岩渗透影响范围的隧道外水压力计算方法模型试验研究[J]. 岩石力学与工程学报, 2018, 37(10): 2288-2298.

[68] 吴圣智. 城市地铁双护盾 TBM 隧道管片结构设计及地表沉降预测方法[D]. 成都: 西南交通大学, 2019: 23.温森, 徐卫亚. 洞室变形引起的双护盾 TBM 施工事故风险分析[J]. 岩石力学与工程学报, 2011, 30(S1): 3060-3065.

[69] 王明年, 董宇苍, 于丽. 基于双线性强度准则的黄土隧道围岩弹塑性解析解[J]. 中国铁道科学, 2019, 40(06): 68-77.

[70] 吴圣智, 王明年, 于丽, 等. TBM 隧道回填层-管片受力特征模型试验研究[J]. 岩土力学, 2018, 39(11): 3976-3982.

[71] 吴圣智, 黄群伟, 王明年, 等. 护盾式 TBM 隧道回填层对管片受力的影响[J]. 中国公路学报, 2017, 30(08): 229-237.

[72] 吴圣智, 姜志毅, 王明年, 等. 考虑回填层的护盾式 TBM 隧道结构设计方法研究[J]. 岩土工程学报, 2018, 40(05): 857-863.

[73] 张志华. 盾构管片优化排版方法研究[D]. 武汉: 华中科技大学, 2012: 22-35.

[74] 刘凤华. 盾构隧道通用管片拟合排版与管片选型技术研究[D]. 上海: 同济大学, 2007: 9-47.

[75] 巫敏. 浅谈双护盾 TBM 管片错台及应对措施[J]. 企业技术开发, 2019, 38(06): 58-61.

[76] 黄兴, 刘泉声, 刘滨, 等. TBM 围岩挤压大变形特性分析与等级划分[J]. 采矿与安全工程学报, 2015, 32(02): 260-266. DOI:10.13545/j.cnki.jmse.2015.02.014.

[77] 黄兴, 刘泉声, 刘恺德, 等. 深部软弱地层 TBM 掘进围岩变形破坏特性室内试验研究[J]. 岩石力学与工程学报, 2015, 34(01): 76-92. DOI:10.13722/j.cnki.jrme. 2015.01.009.

[78] 刘泉声, 时凯, 朱元广, 等. TBM 盘形滚刀破岩力计算模型研究[J]. 煤炭学报, 2013, 38(07): 1136-1142. DOI:10.13225/j.cnki.jccs.2013.07.019.

[79] 宋天田, 肖正学, 苏华友, 等. 上公山 TBM 施工 2•22 卡机事故工程地质分析[J]. 岩石力学与工程学报, 2004, 23(增 1): 4544-4546.

[80] 杨继华, 齐三红, 郭卫新, 等. CCS 水电站引水隧洞双护盾 TBM 施工围岩分类研究[J]. 隧道建设, 2017, 37(07): 788-793.

[81] 杨继华, 杨风威, 姚阳, 等. CCS 水电站引水隧洞 TBM 断层带卡机脱困技术[J]. 水利水电科技进展, 2017, 37(05): 89-94.

[82] 周江锋, 张长万. 厄瓜多尔 CCS 项目双护盾 TBM 不良地质段施工[J]. 四川水力发电, 2014, 33(04): 68-70+144.

[83] 张国, 陈勇. 大直径双护盾硬岩掘进机在厄瓜多尔 CCS 水电站输水隧洞工程中的研究与应用[J]. 四川水力发电, 2014, 33(04): 1-6+11.

[84] 林刚, 史宣陶, 陈军. 双护盾 TBM 在青岛城市轨道交通工程中的应用与实践[J]. 隧道建设(中英文), 2019, 39(12): 2020-2029.

[85] 郭志, 王小强, 王以栋, 等. 青岛地铁隧道双护盾 TBM 适应性设计及应用[J]. 隧道建设(中英文), 2018, 38(01): 135-141.

[86] 张世杰, 李建国, 宋长平, 等. 高原体力劳动强度分级标准研究[J]. 中华劳动卫生职业病杂志, 1994(02): 112-114.

[87] 言利红, 卢松, 周运金, 等. 基于 TBM 工法的隧洞工程进度定量分析——以引红济石隧洞工程 TBM 段为例[J]. 现代隧道技术, 2011, 48(01): 75-77.

[88] 白晔. 引红济石隧洞的工程地质条件及施工问题处理对策探讨[J]. 地下水, 2014, 36(05): 180-181.

[89] 郑飞. 层状围岩深埋长大隧道岩爆安全控制技术研究[D]. 成都: 西南交通大学, 2016.

[90] 赵桦. 高地应力隧道 TBM 卡机机理分析及防治措施研究[D]. 成都: 成都理工大学,